WOLFGANG RICHTER

How to handle Idiots

Der ultimative
Überlebensführer
im Idioten-Dschungel

ISBN: 978-3- 989100091

Copyright © 2023 Wolfgang Richter
Email: info@edition-jt.de
www.edition-jt.de

JT Handels UG
Berumer Str. 44
26844 Jemgum

Inhalt

Über den Umgang mit Idioten

Herzlich willkommen zu „How to handle idiots" – einem Kompass, der Sie durch das verwirrende und chaotische Terrain menschlicher Interaktionen leitet. Wer hat nicht schon einmal inmitten einer Konversation, einer Besprechung oder einer Familienfeier gedacht, „Hilfe, ich bin von Idioten umgeben!"? Das ist ein Gefühl, das uns allen hin und wieder begegnet. Und hier kommt die gute Nachricht: Sie sind nicht allein und es gibt Strategien!

Dieses Buch fungiert als Ihr persönliches Survival-Kit für die vielfältigen Interaktionen des modernen Lebens. Egal, ob am Arbeitsplatz, in sozialen Medien oder bei gesellschaftlichen Veranstaltungen – hier finden Sie die Werkzeuge, die Sie benötigen, um die vermeintlichen „Idioten" in Ihrem Leben besser zu verstehen und effektiv mit ihnen umzugehen.

Die bevorstehenden Kapitel entfalten die Landkarte menschlicher Verhaltensweisen und Motivationen. Sie werden verstehen, warum Menschen sich so verhalten, wie sie es tun, Sie lernen, „Idioten" auf Anhieb zu erkennen und herauszufinden, wie Sie mit ihnen umgehen können, ohne dabei selbst als „Idiot" wahrgenommen zu werden.

Im Laufe dieser Reise werden Sie erkennen, dass das Verstehen und die Handhabung der „Idioten" um uns herum nicht nur dazu beiträgt, Stress und Konflikte zu minimieren, sondern auch, uns selbst besser zu verstehen. Denn seien wir ehrlich: Gelegentlich können wir alle den „Idioten" spielen.

Dieses Buch stellt kein Regelwerk für den perfekten Umgang mit Menschen dar, sondern eher einen Leitfaden, der Ihnen dabei hilft, sich in der Welt der menschlichen Interaktionen zu orientieren. Es lädt Sie ein, mit einer Portion Humor und Mitgefühl auf die „Idioten" um Sie herum zu blicken und eventuell zu entdecken, dass sie gar nicht so idiotisch sind, wie Sie zunächst angenommen haben.

Warum sind wir, wie wir sind?

Es ist eine der ältesten und faszinierendsten Fragen der Menschheit: Warum sind wir, wie wir sind? Jeder von uns ist einzigartig, mit einer eigenen Persönlichkeit und einem eigenen Verhaltensmuster. Doch was ist es, das uns zu dem macht, was wir sind? Wie können wir die scheinbar unendliche Vielfalt menschlicher Persönlichkeitstypen erklären?

Die Antwort liegt in der Kombination von Genetik und Umwelt. Beide tragen zur Formung unserer Persönlichkeiten bei und beeinflussen, wie wir uns verhalten und mit der Welt um uns herum interagieren.

Unser genetischer Code ist so etwas wie das Drehbuch für unseren Körper. Er legt fest, welche Farbe unsere Augen haben, wie groß wir werden und ja, er spielt auch eine Rolle bei der Gestaltung unserer Persönlichkeit. Doch obwohl unsere Gene sicherlich einen Einfluss darauf haben, wer wir sind, ist unsere Persönlichkeit nicht fest in unserer DNA verankert. Sie ist auch das Produkt unserer Umwelterfahrungen.

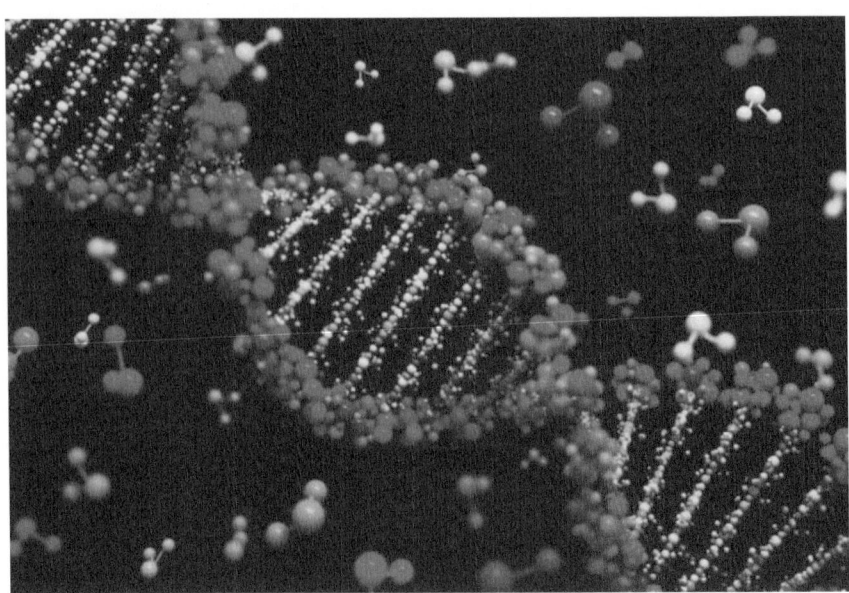

Unsere Umwelt beginnt bereits im Mutterleib und setzt sich fort in der Art und Weise, wie wir erzogen werden, den Menschen, denen wir begegnen, den Erfahrungen, die wir machen, und den Lebensumständen, in denen wir uns befinden. All diese Faktoren formen uns und beeinflussen, wie wir auf verschiedene Situationen reagieren und wie wir mit anderen Menschen interagieren. Aber warum gibt es unterschiedliche Persönlichkeitstypen? Das hat mit der Art und Weise zu tun, wie unsere Gehirne Informationen verarbeiten. Unterschiedliche Persönlichkeitstypen können als verschiedene Wege betrachtet werden, auf denen unser Gehirn Informationen verarbeitet und auf die Welt reagiert. Einige von uns sind extrovertierter und ziehen Energie aus sozialen Interaktionen, während andere introvertierter sind und ihre Energie aus der Zeit alleine ziehen. Einige von uns sind eher detailorientiert und bevorzugen Routine und Ordnung, während andere das große Ganze sehen und Veränderungen und neue Erfahrungen begrüßen.

Verstehen, wie Menschen „funktionieren" und warum es unterschiedliche Persönlichkeitstypen gibt, kann uns dabei helfen, uns selbst und andere besser zu verstehen. Es kann uns helfen, empathischer und offener für unterschiedliche Perspektiven zu sein. Und es kann uns dabei helfen, besser zu erkennen, wie wir am effektivsten mit verschiedenen Persönlichkeitstypen umgehen können, sei es im privaten oder im beruflichen Umfeld.

VERHALTEN: WAS NACH AUSSEN SICHTBAR IST

Unser Verhalten ist der Spiegel unserer Persönlichkeit und der äußeren Umstände, in denen wir uns befinden. Es ist das, was nach außen sichtbar ist, und es gibt uns einen Einblick in das Innenleben eines Individuums. Doch wie genau beeinflussen unsere Persönlichkeit und unsere Umwelt unser Verhalten?

Um dies zu erklären, greifen wir auf eine einfache, aber mächtige Formel zurück:

$$\text{BEHAVIOR} = f\,(P \times Sf)$$

Verhalten ist eine Funktion von Persönlichkeit und Umgebungsfaktoren. Lassen Sie uns das näher betrachten.

Unsere Persönlichkeit (P) ist ein Sammelsurium aus unseren Charaktereigenschaften, unseren Werten, Überzeugungen, unseren Emotionen und Verhaltensmustern. Sie ist die innere Komponente dieser Gleichung und sie prägt, wie wir auf die Welt reagieren und mit ihr interagieren. Die Umgebungsfaktoren (Sf) sind die äußeren Einflüsse, die auf uns einwirken. Sie können physisch sein, wie das Wetter oder die geografische Lage, in der wir uns befinden, oder sozial, wie die Kultur, in der wir aufgewachsen sind, oder die Personen, mit denen wir uns umgeben. Diese äußeren Faktoren können unsere Verhaltensweisen, Gefühle und Denkmuster stark beeinflussen. Verhalten ist also das Ergebnis dieses ständigen Zusammenspiels zwischen inneren und äußeren Faktoren. Es ist ein erlernter Mechanismus, den wir im Laufe unseres Lebens entwickeln und anpassen. Das Schöne daran ist, dass, weil unser Verhalten erlernt ist, wir auch die Möglichkeit haben, es zu verändern. Wir können neue Verhaltensweisen lernen, die besser zu unseren Zielen und Werten passen, und alte, ungesunde Verhaltensweisen loswerden.

Unser Verhalten ist auch eine Antwort auf äußere Umstände. Manchmal reagieren wir auf eine bestimmte Weise, weil wir in der Vergangenheit gelernt haben, dass diese Reaktion uns hilft, mit bestimmten Situationen umzugehen. Diese Reaktionen können sowohl bewusst als auch unbewusst sein. Sie können hilfreich oder hinderlich sein, abhängig von der Situation und der Art und Weise, wie wir sie interpretieren.

Ein Beispiel für erlerntes Verhalten: Die Geschichte von Max und dem Fahrrad

Max, ein aufgeweckter und energiegeladener Junge, erhielt an seinem sechsten Geburtstag ein brandneues Fahrrad. Er war vorher noch nie Fahrrad gefahren und war voller Vorfreude, es endlich zu lernen.

Am ersten Tag, mit seinem Vater an seiner Seite, stieg er auf das Fahrrad. Die Reifen knirschten auf dem Kiesweg, der Wind wehte durch seine Haare und ein Gefühl von Freiheit überkam ihn. Aber dann kam die erste Kurve. Max war zu schnell, er verlor die Kontrolle und stürzte. Sein Knie war aufgeschürft und er spürte den stechenden Schmerz. Er weinte ein wenig, stand aber wieder auf, entschlossen, es erneut zu versuchen.

In den nächsten Wochen übte Max jeden Tag nach der Schule. Jeder Sturz, jede Schramme und jeder blaue Fleck waren Lektionen für ihn. Er lernte, wie man das Gleichgewicht hält, wie man Kurven richtig nimmt, wie man bremst und schließlich, wie man sicher und selbstbewusst fährt.

Max' Fahrradgeschichte ist ein Beispiel für erlerntes Verhalten. Max hat durch seine Erfahrungen gelernt, wie er auf dem Fahrrad balancieren, bremsen und sicher fahren kann. Jeder Sturz hat ihn gelehrt, vorsichtiger und bewusster zu fahren. Er hat gelernt, seine Geschwindigkeit zu kontrollieren und seine Umgebung ständig zu beobachten, um sicher auf der Straße unterwegs zu sein.

Diese Geschichte zeigt uns, wie erlerntes Verhalten durch Erfahrung, Wiederholung und Anpassung entsteht. Max hat durch seine Erfahrungen gelernt und sein Verhalten entsprechend angepasst. Und das Wichtigste: Er hat nicht aufgegeben, sondern seine Fehler als Lernchancen genutzt, um besser und sicherer zu werden.

So wie Max das Fahrradfahren gelernt hat, lernen wir alle durch unsere Erfahrungen und passen unser Verhalten entsprechend an. Ob es nun darum geht, neue Fähigkeiten zu erlernen, unsere Ziele zu erreichen oder besser mit anderen Menschen umzugehen, erlerntes Verhalten spielt eine zentrale Rolle in unserem Leben.

Unser Verhalten ist ein komplexes Zusammenspiel von inneren und äußeren Faktoren. Indem wir dieses Zusammenspiel besser verstehen, können wir mehr Einfluss auf unser Verhalten nehmen und Änderungen vornehmen, die uns helfen, unsere Ziele zu erreichen und die Personen zu werden, die wir sein möchten.

TRADIERTE WERTE – DIE UNSICHTBAREN FUNDAMENTE UNSERES SEINS

Tradierte Werte sind die tief verwurzelten Überzeugungen und Prinzipien, die unseren Charakter und unser Verhalten prägen. Sie sind die unsichtbaren Fundamente unseres Seins, die unsere Sicht auf die Welt und unser Verhalten in ihr formen. Tradierte Werte stammen oft aus unserer Kindheit und Jugend, sie werden uns von unseren Eltern, Lehrern und anderen wichtigen Bezugspersonen vermittelt und eingeprägt.

Diese Werte sind oft Ausdruck der Lehren und Erfahrungen aus unserer Kindheit und Jugend. Sie sind das Erbe unserer Eltern, Lehrer und anderer prägender Persönlichkeiten in unserem Leben. Sie werden uns vermittelt durch Geschichten, durch Vorbilder, durch Lob und Tadel, durch die subtilen und weniger subtilen Botschaften, die wir im Laufe unserer Entwicklung aufnehmen und verinnerlichen.

Die Tiefe und Stärke dieser tradierten Werte sollten nicht unterschätzt werden. Sie sind tief in unseren Herzen und Köpfen verankert und wirken wie ein innerer Kompass, der uns Orientierung gibt und uns hilft, unseren Weg durch das Labyrinth des Lebens zu finden.

Zum Beispiel kann der tradierte Wert der Ehrlichkeit einen tiefgreifenden Einfluss auf eine Person haben. Wenn jemand Ehrlichkeit als einen zentralen Wert verinnerlicht hat, wird er bestrebt sein, dieses Prinzip in seinem täglichen Leben zu verwirklichen. Ob es darum geht, immer die Wahrheit zu sagen, auch wenn es schwierig ist, ob es darum geht, niemals zu betrügen oder zu stehlen, der Wert der Ehrlichkeit wird sein Handeln leiten und seine Wahrnehmung von sich selbst und anderen prägen.

Situatives Beispiel: Tradierte Ehrlichkeit vs. Nicht-tradierte Ehrlichkeit

Tradierte Ehrlichkeit
Anna wuchs in einer Familie auf, in der Ehrlichkeit als höchstes Gut angesehen wurde. Ihre Eltern betonten stets, dass es besser sei, die Wahrheit zu sagen und die Konsequenzen zu tragen, als zu lügen. Als Erwachsene hält sich Anna strikt an dieses Prinzip. Bei der Arbeit bemerkt sie, dass ein Kollege einen Fehler gemacht hat, der dem Unternehmen Kosten verursachen könnte. Obwohl sie weiß, dass sie dadurch Konflikte riskiert, entscheidet sie sich, den Fehler ihrem Vorgesetzten zu melden, weil ihr die Ehrlichkeit in ihrem Handeln wichtiger ist als persönlicher Komfort.

Nicht-tradierte Ehrlichkeit
Im Gegensatz zu Anna wuchs Markus in einer Umgebung auf, in der kleine Lügen zum Alltag gehörten, sei es, um Unannehmlichkeiten zu vermeiden oder um den Frieden zu wahren. Als Erwachsener jedoch begann Markus, die Wertigkeit von Ehrlichkeit zu erkennen. Durch diverse Erfahrungen, Bücher und Gespräche mit Freunden entwickelte er die Überzeugung, dass Ehrlichkeit in allen Beziehungen zentral ist. Eines Tages findet er eine verlorene Geldbörse auf der Straße. Obwohl niemand in der Nähe ist und er das Geld gut gebrauchen könnte, entscheidet er sich, die Geldbörse zur nächsten Polizeistation zu bringen. Dieses Verhalten basiert auf seiner neu gefundenen, nicht-tradierten Wertvorstellung von Ehrlichkeit.

In beiden Fällen handeln die Personen ehrlich, aber die Quelle ihres Wertes der Ehrlichkeit ist unterschiedlich. Bei Anna ist es ein tradiertes Verständnis, das tief in ihrer Erziehung verwurzelt ist, während Markus seinen Wert der Ehrlichkeit durch persönliche Erfahrungen und Reflexionen entwickelt hat.

Im Folgenden sind einige typische Beispiele für tradierte Werte aufgeführt:

Respekt
Die Achtung der Rechte, Wünsche und Meinungen anderer Personen.

Verantwortung
Das Bewusstsein, dass unser Handeln Konsequenzen hat und dass wir für unsere Entscheidungen und Taten verantwortlich sind.

Großzügigkeit

Die Bereitschaft, zu teilen und anderen zu helfen, ohne eine Gegenleistung zu erwarten.

Fleiß

Die Wertschätzung von harter Arbeit und Beharrlichkeit als Mittel, um Ziele zu erreichen.

Gerechtigkeit

Der Glaube an Fairness, an die Gleichheit aller Menschen und an das Recht eines jeden auf gleiche Behandlung und Chancen.

Mitgefühl

Die Fähigkeit und Bereitschaft, das Leiden anderer zu erkennen und ihnen helfen zu wollen.

Ehrlichkeit

Die Verpflichtung zur Wahrheit in Wort und Tat.

Normative Dimension: Wie Dinge sein sollten – das ideale Szenario

Die normative Dimension bezieht sich auf das, was wir für richtig, gut und wünschenswert halten. Es handelt sich um die idealen Vorstellungen, die wir von uns selbst, von anderen und von der Welt haben. Normative Überzeugungen geben uns eine Richtung vor, sie zeigen uns, wie wir sein möchten und wie die Welt aussehen sollte.

„Normativ" bezieht sich auf das, was als Norm oder Standard betrachtet wird. Es geht um das, was als richtig oder ideal angesehen wird. Wenn wir von der normativen Dimension unserer tradierten Werte sprechen, meinen wir die idealen Vorstellungen und Erwartungen, die diese Werte in uns wecken.

Situatives Beispiel: Thomas, der Teamleiter

Stellen Sie sich vor, wir haben Thomas, einen Teamleiter in einem Softwareentwicklungsunternehmen. Thomas hat ein starkes Gefühl für die normative Dimension in Bezug auf Teamarbeit und Führung. Er glaubt fest daran, dass ein Teamleiter seinen Mitarbeitern Vertrauen schenken, sie unterstützen und ihre Autonomie respektieren sollte.

Eines Tages bemerkt er, dass ein Teammitglied, Laura, Schwierigkeiten mit einem Projekt hat. Anstatt einfach einzuspringen und ihr die Arbeit abzunehmen oder sie zu kritisieren, entscheidet er sich, ihr zu helfen. Er bietet seine Unterstützung an, fragt sie, wo sie Schwierigkeiten sieht, und welche Ressourcen oder Hilfe sie benötigt, um das Problem zu lösen. Er respektiert ihre Fähigkeiten und ihren Lernprozess und gibt ihr Raum, um ihre eigenen Lösungen zu finden.

In dieser Situation spiegelt Thomas' Verhalten seine normative Vorstellung von der Rolle eines Teamleiters wider. Er hält es für richtig und ideal, dass ein Leiter sein Team unterstützt, anstatt zu kontrollieren oder zu dominieren. Sein Handeln ist also ein Ausdruck seiner normativen Dimension in Bezug auf Führung und Teamarbeit.

So wie ein Leuchtturm in der Nacht, so leuchten auch unsere tiefverwurzelten Werte den Weg – den Weg zu einem Leben, das sich für uns richtig und gut anfühlt, ein Leben, das im Einklang mit unseren tiefsten Überzeugungen und Wünschen steht. Sie sind unser bestes Szenario, unser ideales Bild davon, wie Dinge sein sollten. Sie sind die Grundlage unseres Seins, der Kern unserer Persönlichkeit.

ÜBERZEUGUNGEN UND ANNAHMEN ÜBER DIE UMWELT

Ihre Überzeugungen und Annahmen über die Umwelt spielen eine entscheidende Rolle bei der Strukturierung Ihrer Wahrnehmung der Welt. Sie dienen als Leitfaden für die Interpretation und Bewertung Ihrer Umgebung. Durch Überzeugungen und Annahmen werden Ihre Erfahrungen und Beobachtungen interpretiert und kategorisiert, wodurch Sie ein Verständnis und eine Bedeutung für das, was um Sie herum geschieht, entwickeln.

Viele Ihrer grundlegenden Überzeugungen und Annahmen werden in der Kindheit geformt, oft durch die subtilen und nicht so subtilen Lehren Ihrer Eltern und Bezugspersonen. Wenn Ihre Eltern zum Beispiel stets hart arbeiteten und Ihnen lehrten, dass harte Arbeit zu Erfolg führt, dann kann sich diese Überzeugung in Ihrem Inneren festsetzen. Sie kann die Art und Weise, wie Sie die Welt betrachten und wie Sie sich in ihr verhalten, stark prägen.

Diese Annahmen sind auch oft eng mit Ihren Erfahrungen in der Schule, mit Freunden und in Ihrer weiteren Umgebung verknüpft. Wenn Sie als Kind immer wieder die Erfahrung machten, dass Fleiß und Ausdauer zu guten Noten führen, stärkt dies die Überzeugung, dass Anstrengung zum Erfolg führt.

Doch obwohl diese Überzeugungen und Annahmen so tief sitzen, sind sie doch nicht unveränderlich. Im Gegensatz zu Ihren tiefer verwurzelten Werten, die oft als fester Bestandteil Ihrer Persönlichkeit angesehen werden, haben Überzeugungen und Annahmen ein größeres Veränderungspotential. Sie sind flexibler und anpassungsfähiger. Neue Erfahrungen, neue Informationen und tiefgreifende Lebensereignisse können sie ins Wanken bringen oder gar umstürzen.

Wenn Sie zum Beispiel Ihr Leben lang an die Vorzüge harter Arbeit geglaubt haben, kann die Erfahrung einer unerwarteten Kündigung oder eines Burnouts Sie dazu bringen, Ihre Überzeugungen zu überdenken. Sie kommen möglicherweise zu der Erkenntnis, dass harte Arbeit nicht immer zu Erfolg führt und dass es auch andere Faktoren gibt, die berücksichtigt werden müssen, wie zum Beispiel Ihr persönliches Wohlbefinden, die Work-Life-Balance oder die Qualität der Arbeit an sich.

Überzeugungen und Annahmen zu hinterfragen und gegebenenfalls zu verändern, ist ein wichtiger Teil Ihrer persönlichen Weiterentwicklung. Es erfordert Selbstreflexion, Offenheit für neue Erfahrungen und den Mut, eingefahrene Denkmuster zu verlassen. Durch das Bewusstmachen Ihrer Überzeugungen und Annahmen sind Sie in der Lage, sich selbst und Ihre Verbindung zur Welt besser zu verstehen. Das ermöglicht Ihnen, ein Leben zu führen, das erfüllt und authentisch ist.

PERSÖNLICHKEITSBILDUNG ALS FLUIDER PROZESS

Ihre Persönlichkeit bildet sich in einem stetigen, dynamischen und fluiden Prozess. Sie bewegt sich unablässig, passt sich neuen Erfahrungen, Beziehungen und Umständen an. Stellen Sie sich die Persönlichkeitsbildung als einen ständig fließenden Fluss vor, der sich durch die Lebenslandschaft schlängelt. Er fließt an den Erfahrungen der Vergangenheit vorbei, durchquert das Hier und Jetzt und strömt in Richtung der ungewissen Zukunft. Dabei verändert der Fluss kontinuierlich seinen Lauf, erweitert seine Ufer und formt so die Landschaft, die Sie als Ihr „Ich" bezeichnen.

Verhalten: Das, was wir beobachten können

Ihr Verhalten stellt den äußerlich sichtbaren Ausdruck Ihres inneren Selbst dar. Es repräsentiert die Oberfläche Ihres Seins, das, was andere Menschen von Ihnen sehen. Alles, was Sie tun und sagen, wie Sie sich kleiden, wie Sie sich bewegen und sogar wie Sie atmen, fällt darunter. Es beschreibt die Art und Weise, wie Sie auf verschiedene Situationen reagieren, wie Sie mit anderen Menschen interagieren und wie Sie sich gegenüber der Welt um sich herum verhalten. Ihr Verhalten offenbart Ihre inneren Gedanken, Gefühle und Überzeugungen. Dabei repräsentiert das Verhalten lediglich die Spitze des Eisbergs – der größte Teil dessen, was Sie ausmacht, verbirgt sich unter der Oberfläche.

Persönlichkeit: Das, was wir zu ergründen versuchen

Unter dieser Oberfläche liegt Ihre Persönlichkeit. Sie stellt ein komplexes Netzwerk von Überzeugungen, Werten, Eigenschaften und Neigungen dar, die Sie zu dem machen, was Sie sind. Ihre Persönlichkeit bildet das Herzstück Ihres Seins und die treibende Kraft hinter Ihrem Verhalten. Sie definiert Ihre Einzigartigkeit, sie unterscheidet Sie von anderen. Ihre Persönlichkeit formt Ihre Sicht auf die Welt, sie beeinflusst Ihre Reaktionen auf verschiedene Situationen und prägt Ihr Selbst- und Fremdbild.

Umgebende Faktoren: Das, worauf wir Einfluss nehmen können

Schließlich existieren die umgebenden Faktoren. Diese Aspekte Ihrer Umwelt und Lebenssituation beeinflussen Ihr Verhalten und Ihre Persönlichkeit. Dazu zählen Ihre Beziehungen zu anderen Menschen, die Kultur und Gesellschaft, in der Sie leben, Ihre Arbeitsumgebung und Ihre Freizeitaktivitäten. Diese Faktoren sind nicht starr und unveränderlich. Vielmehr bieten sie Ihnen Spielraum zur Gestaltung und Veränderung.

Die verschiedenen Elemente Ihres Lebens eröffnen vielfältige Möglichkeiten für persönliches Wachstum und Veränderung. Das Verlassen ungesunder Beziehungen, der Beginn einer neuen Karriere oder das Erlernen neuer Fähigkeiten haben die Kraft, Ihre Persönlichkeit und Ihr Verhalten zu formen. Manchmal setzt die Veränderung eines einzelnen Faktors einen Dominoeffekt in Gang, der zu tiefgreifenden Veränderungen in Ihrem Leben führt.

In ihrer Gesamtheit bilden Verhalten, Persönlichkeit und umgebende Faktoren das dynamische Zusammenspiel, das Ihre Persönlichkeitsbildung ausmacht. Sie fließen ineinander und formen und prägen Sie als Individuum. Durch das Verständnis dieser Prozesse erkennen Sie sich als ständig weiterentwickelndes Wesen, das aktiv an der Gestaltung der eigenen Persönlichkeit teilnimmt. Sie sind nicht das passive Produkt Ihrer Vergangenheit oder Ihrer Umstände, sondern der aktive Gestalter Ihrer Zukunft.

Diese Reise beginnt mit Bewusstsein, Reflexion und Willenskraft. Es geht nicht um Perfektion oder das Erreichen einer perfekten Persönlichkeit. Vielmehr liegt der Fokus darauf, sich selbst besser kennenzulernen, sich mit Ihrer einzigartigen Mischung aus Stärken und Schwächen zu akzeptieren und danach zu streben, ein authentisches, erfülltes und glückliches Leben zu führen.

Ihre Persönlichkeitsbildung ist kein statischer, sondern ein dynamischer und fluider Prozess – ein fortlaufender Dialog zwischen Ihnen und der Welt, geformt durch Ihre Überzeugungen, Werte, Verhaltensweisen und die Einflussfaktoren, die Sie gestalten können.

EXKURS: PERSÖNLICHKEITSUNTERSCHIEDE AUFGRUND VON GESCHWISTERKONSTELLATION

Die Entfaltung der menschlichen Persönlichkeit repräsentiert ein faszinierendes Wechselspiel zwischen genetischer Ausstattung und Umweltbedingungen. Im Rahmen dieses mehrschichtigen Prozesses nimmt die Position im Geschwistergefüge eine herausstechende Rolle ein und dient als bedeutender Baustein im Mosaik, das Ihre Individualität formt.

Die Theorie der Persönlichkeitsentwicklung stützt sich auf die Idee, dass individuelle Charaktereigenschaften und Neigungen die Persönlichkeit eines Menschen formen und bestimmen. Sie umspannt die gesamte Bandbreite an tatsächlichen und potenziellen Verhaltensweisen, die sowohl durch genetische Ausstattung als auch durch Umweltbedingungen gesteuert werden.

Unter „genetischer Ausstattung" verstehen wir Ihre Tendenz, bestimmte Merkmale oder Krankheiten zu entwickeln, die auf Ihre genetische Beschaffenheit zurückgehen. Mit anderen Worten: Die genetische Ausstattung ist eine Anfälligkeit oder Empfänglichkeit für spezifische Merkmale, Verhaltensweisen oder Krankheiten aufgrund der genetischen Information, die Sie von Ihren Eltern geerbt haben.

So können bestimmte Krankheiten wie Herzleiden, Diabetes oder manche Krebsarten eine genetische Ausstattung aufweisen. Das heißt, Personen, die bestimmte genetische Marker tragen, tragen ein erhöhtes Risiko, diese Krankheiten zu entwickeln. Aber auch bestimmte Persönlichkeitszüge und Verhaltensweisen können genetisch bedingt sein.

Eine genetische Ausstattung führt allerdings nicht zwingend dazu, dass Sie eine bestimmte Krankheit entwickeln oder ein bestimmtes Verhalten an den Tag legen. Umweltfaktoren spielen eine bedeutende Rolle und können oftmals die Effekte einer genetischen Ausstattung verstärken oder mildern. Daher resultiert die Persönlichkeitsentwicklung aus einer komplexen Interaktion zwischen genetischen und umweltbedingten Faktoren.

In diesem dynamischen Kontext wirkt das Geschwistergefüge als ein bedeutender Umgebungsfaktor. Sein Einfluss reicht weit über die direkte Interaktion zwischen den Geschwistern hinaus und wird stark durch die einzigartige Position geformt, die jedes Kind innerhalb der Familienstruktur einnimmt. So mag das älteste Kind in einer Anführerrolle Verantwortung und Selbstständigkeit erlernen, während das jüngste Kind in einer eher freien Position seine Kreativität ausleben kann und das mittlere Kind als Vermittler zwischen den beiden seine diplomatischen Fähigkeiten ausbilden kann.

Älteste Kinder: Stärke durch Verantwortung und Erwartungsdruck

Älteste Kinder finden sich häufig in einer besonders anspruchsvollen Lage. Da sie die Erstgeborenen in der Geschwisterkette sind, tragen sie oft schon früh Verantwortung, nicht nur für sich selbst, sondern auch für ihre jüngeren Geschwister. Sie sind die „Versuchskaninchen", an denen Eltern ihre Erziehungsansätze erstmalig erproben, und die Erwartungen an sie sind oft besonders groß. So könnten sie beispielsweise dazu angehalten werden, auf ihre jüngeren Geschwister aufzupassen, ihnen bei den Hausaufgaben zu assistieren oder als Vorbild zu dienen. Hierdurch entwickeln sie oftmals frühzeitig eine gewisse Reife und Unabhängigkeit.

Zudem prägen hohe persönliche Ziele oft die ältesten Kinder. Sie streben nach Erfolg, sowohl in der Schule als auch später im Berufsleben, eine Tendenz, die teilweise aus den hohen Erwartungen resultiert, die Eltern an ihre erstgeborenen Kinder stellen. So könnte sich ein ältestes Kind dazu verpflichtet fühlen, einen spezifischen akademischen oder beruflichen Pfad zu verfolgen, um die Erwartungen der Eltern zu erfüllen.

Mittlere Kinder: Vermittler mit Anpassungsfähigkeit und Unabhängigkeit

Mittlere Kinder nehmen eine einmalige Position innerhalb des Geschwistergefüges ein. Sie bewegen sich zwischen den Welten der älteren und jüngeren Geschwister und müssen sich oftmals anpassen und vermitteln. Ein mittleres Kind könnte beispielsweise zwischen dem älteren Geschwisterkind, das beim gemeinsamen Spielen dominieren möchte, und dem jüngeren, das sich überfordert fühlt, schlichten. Dadurch lernen sie frühzeitig, Konflikte zu lösen und diplomatisch zu handeln.

Ihre Rolle kann Anpassungsfähigkeit, Selbstständigkeit und soziale Fähigkeiten fördern. Sie lernen, sich in diversen Situationen zurechtzufinden und eigene Lösungsansätze für Probleme zu erarbeiten. Ein mittleres Kind könnte beispielsweise lernen, sich bei Auseinandersetzungen unter den Geschwistern diplomatisch zu verhalten und dabei eine gewisse Unabhängigkeit von den starken Meinungen der älteren und jüngeren Geschwister zu bewahren.

Jüngste Kinder: Freiheit zur Kreativität und Risikobereitschaft

Jüngste Kinder erfahren oft mehr Freiheit und weniger Druck als ihre älteren Geschwister. Sie besitzen die Freiheit, die Welt auf ihre ganz eigene Weise zu entdecken, und sind oft weniger strikten Regeln und Erwartungen ausgesetzt. So könnte ein jüngstes Kind beispielsweise die Freiheit genießen, eine künstlerische oder ungewöhnliche Laufbahn einzuschlagen, während von den älteren Geschwistern möglicherweise erwartet wurde, einen traditionelleren Weg zu verfolgen.

Diese Umstände können dazu beitragen, dass jüngste Kinder Charakterzüge wie Kreativität, Unabhängigkeit und Risikobereitschaft entwickeln. Sie sind oft erfinderisch, neugierig und wagemutig, da sie sich weniger Gedanken darüber machen müssen, die Erwartungen der Eltern zu erfüllen. Darüber hinaus streben sie oft danach, sich von ihren älteren Geschwistern abzugrenzen und ihre Einzigartigkeit und Individualität hervorzuheben. Ein jüngstes Kind könnte beispielsweise einen unverwechselbaren Stil entwickeln oder besondere Interessen pflegen, um sich von den älteren Geschwistern abzuheben.

Langfristige Auswirkungen auf Persönlichkeit und Lebensweg

Die in der Kindheit und Jugend erworbenen Persönlichkeitsmerkmale und Eigenschaften können weitreichende Einflüsse auf die Lebensentwicklung einer Person haben. Sie können sich über das Leben hinweg weiterentwickeln und anpassen, bleiben aber oft ein zentrales Element der Persönlichkeitsstruktur. Diese Eigenschaften wirken sich auf unterschiedlichste Weise sowohl auf das berufliche als auch das private Leben einer Person aus.

Im beruflichen Zusammenhang können sie das Verhalten in Gruppensituationen, den Führungsstil oder den Ansatz zur Problemlösung erheblich beeinflussen. Beispielsweise könnte ein ältestes Kind, das früh Verantwortung übernommen hat, in der Lage sein, Führungsrollen zu übernehmen und effektive Entscheidungen zu treffen. Ein mittleres Kind könnte hingegen seine diplomatischen Fähigkeiten einsetzen, um in Teamkonstellationen harmonische Lösungen zu finden. Und ein jüngstes Kind könnte dank seiner kreativen und risikobereiten Persönlichkeitsmerkmale innovative Ansätze in seiner Arbeit entwickeln.

In Bezug auf das Privatleben könnten diese Persönlichkeitsmerkmale möglicherweise beeinflussen, wie eine Person Beziehungen führt, mit Konflikten umgeht oder Lebensentscheidungen trifft. Älteste Kinder könnten beispielsweise in ihren Beziehungen Wert auf Verantwortung und Engagement legen, während jüngste Kinder vielleicht offener für Experimente und unkonventionelle Lebenswege sind.

Die Komplexität der Persönlichkeitsentwicklung

Trotz der erheblichen Rolle, die die Geschwisterkonstellation bei der Persönlichkeitsentwicklung spielt, ist es wichtig, zu betonen, dass es sich hierbei um Tendenzen handelt. Jedes Individuum ist einzigartig und zahlreiche weitere Faktoren tragen zur Persönlichkeitsbildung bei.

Zu diesen Faktoren gehören die Beziehung zwischen Eltern und Kind, die sozioökonomischen Bedingungen der Familie, das kulturelle Umfeld und die individuelle Veranlagung. Die Art und Weise, wie Eltern ihre Kinder erziehen, die finanziellen und kulturellen Ressourcen, die einer Familie zur Verfügung stehen, und die persönlichen Neigungen und Talente eines jeden Kindes spielen eine entscheidende Rolle bei der Formung der Persönlichkeit.

Die Geschwisterkonstellation ist also nur ein Aspekt in einem komplexen Netz von Einflüssen, das die Persönlichkeitsentwicklung eines Menschen prägt. Dies macht sie zu einem faszinierend komplexen und facettenreichen Thema, das noch umfassende wissenschaftliche Forschung erfordert, um ein vollständiges Bild der menschlichen Persönlichkeitsentwicklung zu zeichnen.

Die 4 Persönlichkeitstypen

Die Beobachtung und Kategorisierung von Persönlichkeitsunterschieden haben eine lange und reiche Geschichte, die bis in die Antike zurückreicht. Besonders die alten Griechen haben sich intensiv mit der Vielfalt menschlicher Charaktere auseinandergesetzt. Sie formulierten das Konzept der vier grundlegenden Temperamente, die als frühe Modelle für die Verhaltensneigungen, Denkmuster und emotionalen Tendenzen von Individuen dienten:

Das cholerische Temperament:

Menschen mit einem cholerischen Temperament wurden als leidenschaftlich, extrovertiert und energisch beschrieben. Ihr Handeln ist durch Entschlossenheit und Dynamik geprägt. Sie tendieren dazu, in Gruppensituationen die Führungsrolle zu übernehmen, und sind oft die Entscheidungsträger in verschiedenen Kontexten.

Das melancholische Temperament:

Personen mit einem melancholischen Temperament zeichnen sich durch ihre Tiefgründigkeit, Nachdenklichkeit und Introspektion (Reflexion) aus. Sie haben eine natürliche Neigung zur Detailgenauigkeit und Analyse und sind oft diejenigen, die hinter den Kulissen sorgfältig Pläne schmieden und Strategien entwickeln.

Das phlegmatische Temperament:

Phlegmatische Individuen zeichnen sich durch ihre ruhige, stabile und häufig introvertierte Natur aus. Sie reagieren in der Regel gelassen auf Situationen und sind dafür bekannt, geduldig und ausgeglichen zu sein, selbst unter stressigen oder herausfordernden Umständen.

Das sanguinische Temperament:

Sanguinische Menschen gelten als enthusiastisch, aktiv und sozial. Sie haben die Fähigkeit, andere leicht mit ihrer Lebendigkeit und ihrem Enthusiasmus anzustecken, und sind oft diejenigen, die anderen Inspiration und Motivation liefern.

Mit dem Fortschritt der Psychologie haben sich diese Konzepte weiterentwickelt und erweitert, um eine Vielzahl von Persönlichkeitsmodellen zu erstellen, die das komplexe Spektrum menschlicher Persönlichkeiten abdecken. Persönlichkeitstypen sind Kategorien von Eigenschaften und Verhaltensneigungen, die helfen, das individuelle Verhalten, die Motivation und die Präferenzen zu beschreiben und zu erklären.

Die Wichtigkeit von Persönlichkeitstypen liegt darin, dass sie uns einen Rahmen bieten, um uns selbst und andere besser zu verstehen. Sie helfen uns, die Einzigartigkeit jedes Individuums zu schätzen und gleichzeitig die grundlegenden Muster zu erkennen, die uns alle verbinden.

Das ADGB-Persönlichkeitsmodell

In diesem Kapitel konzentrieren wir uns auf das ADGB-Modell, ein modernes Persönlichkeitsmodell, das vier Hauptpersönlichkeitstypen umfasst: analytisch, dominant, gelassen und begeisternd. Jeder dieser Typen hat eigene, einzigartige Stärken, Schwächen und Verhaltensmuster. Die folgenden Unterkapitel gehen auf jeden Persönlichkeitstyp im Detail ein, wobei wir erforschen, wie diese Typen die Art und Weise beeinflussen, wie wir die Welt wahrnehmen und darauf reagieren. Unser Ziel ist es, Ihnen ein tiefes Verständnis der dynamischen Natur menschlicher Persönlichkeiten zu vermitteln und Ihnen Werkzeuge an die Hand zu geben, um Ihre eigenen Stärken und Schwächen besser zu erkennen und zu nutzen.

PERSÖNLICHKEITSTYP A – ANALYTISCH

Der analytische Persönlichkeitstyp, der erste Typ im ADGB-Modell, ist eine faszinierende Mischung aus Merkmalen und Neigungen. Personen mit diesem Persönlichkeitstyp zeichnen sich durch ihre sorgfältige und gründliche Herangehensweise an die Welt aus, die ihre Handlungen und Entscheidungen prägt.

Langsame Reaktionszeit: Ein Zeichen von Vorsicht und Überlegung

Analytische Persönlichkeiten neigen dazu, eine langsamere Reaktionszeit zu haben. Doch dieser scheinbare Nachteil ist tatsächlich ein Ausdruck ihrer Sorgfalt und Überlegung. Sie springen nicht unüberlegt auf Entscheidungen oder Ideen an, sondern nehmen sich die Zeit, um alle Aspekte der Situation gründlich zu prüfen. Sie möchten sicherstellen, dass sie alle Fakten zur Hand haben und die möglichen Konsequenzen ihrer Entscheidungen vollständig verstanden haben, bevor sie einen Kurs einschlagen.

Maximaler Organisationsaufwand: Die Liebe zur Struktur und Ordnung

Typ-A-Persönlichkeiten investieren einen hohen Aufwand in die Organisation. Sie schätzen Struktur und Ordnung und bemühen sich, ein organisiertes Umfeld zu schaffen und aufrechtzuerhalten. Sie legen Wert auf Details und die Genauigkeit ihrer Arbeit und sind oft diejenigen, die Systeme und Prozesse einrichten, um Effizienz und Genauigkeit zu gewährleisten. Ein analytischer Typ könnte beispielsweise ein umfangreiches System für die Verwaltung von Aufgaben und Terminen entwickeln und dabei jede Minute des Tages planen.

Minimales Interesse an Beziehungen: Fokus auf Logik und Sachlichkeit

Sie zeigen oft ein minimales Interesse an sozialen Beziehungen. Sie neigen dazu, den Fokus auf Logik, Sachlichkeit und die Aufgabe, die vor ihnen liegt, zu legen. Das bedeutet nicht, dass sie keine zwischenmenschlichen Beziehungen schätzen oder pflegen, sondern vielmehr, dass sie in der Regel nicht von sozialen Interaktionen motiviert werden. Sie bevorzugen es oft, alleine zu arbeiten, und ziehen es vor, ihre Energie auf das Lösen von Problemen und das Erreichen von Zielen zu richten statt auf soziale Aktivitäten.

Historischer Fokus: Ein Respekt für die Vergangenheit

Analytische Typen haben oft eine tiefe Wertschätzung für den historischen Kontext. Sie erkennen den Wert der Vergangenheit und ziehen Lektionen und Einblicke aus vergangenen Ereignissen hinzu, um ihre aktuellen Entscheidungen und Pläne zu spezifizieren. Sie respektieren Traditionen und halten oft an bewährten Methoden fest, statt ständig nach der nächsten neuen Sache zu suchen.

Vorsichtiges Handeln: Ein Bedürfnis nach Sicherheit und Risikovermeidung

Sie neigen zu vorsichtigem Handeln. Sie sind risikoscheu und bevorzugen es, auf Nummer sicher zu gehen, statt riskante Chancen zu ergreifen. Sie legen Wert auf Stabilität und Sicherheit und streben danach, ihre Umgebung so vorhersehbar und kontrollierbar wie möglich zu gestalten.

Tendenz, Beteiligung zu vermeiden: Ein Bedürfnis nach Unabhängigkeit und Autonomie

Abschließend tendieren analytische Persönlichkeiten dazu, Beteiligung zu vermeiden. Sie schätzen ihre Unabhängigkeit und Autonomie und bevorzugen es, Aufgaben selbst zu erledigen, statt sich auf andere zu verlassen. Sie fühlen sich am wohlsten, wenn sie die Kontrolle über ihre Arbeit und ihre Umgebung haben, und neigen dazu, Situationen zu meiden, in denen sie von den Handlungen oder Entscheidungen anderer abhängig sind.

Der analytische Persönlichkeitstyp ist durch eine methodische, sorgfältige und unabhängige Herangehensweise an die Welt gekennzeichnet. Er legt Wert auf Logik und Genauigkeit, schätzt Ordnung und Organisation und bevorzugt es, sich auf Fakten und Beweise zu stützen statt auf Emotionen oder soziale Einflüsse. Obwohl er manchmal als zurückhaltend oder distanziert wahrgenommen werden kann, sind seine Fähigkeiten zur Analyse, Planung und Durchführung oft von unschätzbarem Wert.

Wissenswertes über den analytischen Persönlichkeitstyp

Es ist bemerkenswert, dass der analytische Persönlichkeitstyp aufgrund seiner akribischen Art und Weise oft als „Gehirn" in Gruppensituationen gesehen wird. Er hat eine ausgeprägte Fähigkeit, komplexe Informationen zu zerlegen und zu analysieren, was ihn zu einem hervorragenden Problemlöser macht. Seine Liebe zum Detail und seine Vorliebe für Daten und Fakten machen ihn zu einem unschätzbaren Mitglied von Teams, besonders in Situationen, die eine sorgfältige Planung und Entscheidungsfindung erfordern.

Obwohl er manchmal Schwierigkeiten hat, sich schnell an sich verändernde Umstände anzupassen, bringen seine Präzision und seine Sorgfalt eine wertvolle Stabilität und Konsistenz in die Gruppendynamik. Seine oft zurückhaltende Natur kann fälschlicherweise als Desinteresse oder Unfreundlichkeit interpretiert werden, aber in Wahrheit ist er sehr auf das Wohl der Gruppe bedacht und trägt oft still und effizient zum gemeinsamen Ziel bei.

Analytische Persönlichkeitstypen profitieren oft von stiller Zeit alleine, in welcher sie Informationen verarbeiten und ihre Gedanken ordnen können. Ihre besten Ideen und Lösungen kommen oft aus diesen Momenten der Reflexion und Stille.

PERSÖNLICHKEITSTYP D – DOMINANT

Im ADGB-Persönlichkeitsmodell stellt der dominante Typ den zweiten Eckpfeiler dar. Diese Individuen sind die Eroberer unter uns, die durch ihre Handlungsfreudigkeit, ihren Kontrollanspruch und ihren Fokus auf die Gegenwart maßgeblich die Dynamik ihres Umfeldes prägen.

Schnelle Reaktion: Ein Zeichen von Entschlossenheit und Dynamik

Der dominante Persönlichkeitstyp ist bekannt für seine schnellen Reaktionen. Im Gegensatz zum analytischen Typ springt er schnell auf neue Ideen und Situationen an, wobei seine Handlungs- und Entscheidungsfreudigkeit häufig Ausdruck seines Selbstvertrauens und seiner Entschlossenheit sind. Wo andere noch abwägen und analysieren, hat eine dominante Persönlichkeit bereits einen Aktionsplan erstellt und setzt ihn in die Tat um.

Maximaler Kontrollaufwand: Das Streben nach Führung und Einfluss

Dominante Typen streben nach Kontrolle und Führung. Sie sind die natürlichen Anführer, die es gewohnt sind, Entscheidungen zu treffen und andere zu leiten. Ihre Umgebung gestalten sie proaktiv nach ihren Vorstellungen. Sie neigen dazu, sich mit großer Energie und Entschlossenheit in Projekte und Aufgaben zu stürzen, wobei der Fokus stets darauf liegt, das Geschehen zu bestimmen und zu kontrollieren.

Minimales Interesse an Vorsicht in Beziehungen: Fokus auf Ehrlichkeit und Direktheit

Sie zeigen oft ein minimales Interesse an Vorsicht in Beziehungen. Das bedeutet nicht, dass sie Beziehungen als unwichtig betrachten, vielmehr neigen sie dazu, ehrlich und direkt zu sein, anstatt sich in diplomatischen Finessen zu verlieren. Sie haben den Mut, auch unpopuläre Meinungen zu äußern, und schätzen es, wenn andere ihnen gegenüber genauso offen und direkt sind.

Gegenwärtiger Fokus: Konzentration auf das Hier und Jetzt

Im Gegensatz zum historischen Fokus des analytischen Typs konzentriert sich der dominante Typ auf die Gegenwart. Er ist zukunftsorientiert und konzentriert sich auf das, was aktuell getan werden muss, um seine Ziele zu erreichen. Alte Traditionen oder bewährte Methoden werden hinterfragt, wenn sie dem Erreichen der gesteckten Ziele im Wege stehen.

Direktes Handeln: Ein Zeichen von Entschlossenheit und Zielorientierung

Dominante Persönlichkeiten sind bekannt für ihre direkte Handlungsweise. Sie sind die Macher, die entschlossen und energisch handeln, anstatt abzuwarten. Sie bevorzugen es, aktiv einzugreifen und Probleme direkt anzugehen, anstatt abzuwarten und zu sehen, was passiert.

Tendenz, Beteiligung zu vermeiden: Ein Streben nach Unabhängigkeit und Selbstbestimmung

Schließlich neigen dominante Persönlichkeiten dazu, Beteiligung zu vermeiden, ähnlich wie analytische Typen. Sie streben nach Unabhängigkeit und Selbstbestimmung und ziehen es vor, Aufgaben selbst zu erledigen und Verantwortung zu übernehmen, anstatt sich auf andere zu verlassen.

Personen des analytischen Persönlichkeitstyps prägen eine systematische, gewissenhafte und selbständige Betrachtung der Welt. Ihr Augenmerk liegt auf logischen Verbindungen und Präzision, sie haben eine Vorliebe für Struktur und Organisation und tendieren dazu, Entscheidungen auf der Grundlage von Tatsachen und Belegen zu treffen, anstatt sich von Gefühlen oder gesellschaftlichen Einflüssen leiten zu lassen. Trotz möglicher Wahrnehmung als reserviert oder distanziert sind ihre Kompetenzen in den Bereichen Analyse, Planung und Umsetzung oft von unschätzbarem Nutzen.

Wissenswertes über den dominanten Persönlichkeitstyp

Faszinierend energisch und führungsstark stehen dominante Persönlichkeiten häufig im Zentrum des Geschehens, immer bereit, den Kurs zu bestimmen und das Ruder in die Hand zu nehmen. Sie strahlen eine Art magnetische Entschlossenheit aus, die sie in der Lage sein lässt, sowohl Herausforderungen als auch Chancen mit beeindruckender Agilität zu meistern.

Ihr unbändiger Ehrgeiz ist oft das treibende Rad hinter erfolgreichen Projekten und Teams. Sie ziehen buchstäblich die Linien der Fortschrittslandkarte und tragen maßgeblich dazu bei, dass Ziele erreicht und Visionen verwirklicht werden. Als Leuchttürme der Effizienz haben dominante Typen eine fast übernatürliche Fähigkeit, den Weg durch das oft stürmische Meer der Aufgaben und Verantwortlichkeiten zu finden.

Doch das grelle Licht ihrer Entschlossenheit kann gelegentlich auch blendend wirken. Manchmal als zu forsch oder einschüchternd wahrgenommen, verbergen dominante Persönlichkeiten unter ihrer kraftvollen Oberfläche einen tiefgreifenden Antrieb, Wirkung zu erzielen und die Dinge voranzutreiben. Sie sind tatsächlich wie lebende Katalysatoren, die durch ihre reine Anwesenheit Veränderungen herbeiführen und Dinge ins Rollen bringen.

Inmitten ihres starken Verlangens nach Kontrolle und Effizienz liegt eine tiefe Wertschätzung für Direktheit und Aufrichtigkeit. Sie schätzen Gesprächspartner, die sich nicht scheuen, offen und ehrlich ihre Meinungen und Feedback zu teilen. Für sie ist dies eine Form von Respekt und ein Weg zur kontinuierlichen Verbesserung und Weiterentwicklung.

PERSÖNLICHKEITSTYP G – GELASSEN

Als dritter Eckpfeiler des ADGB-Persönlichkeitsmodells repräsentiert der gelassene Typ einen ruhigen, stabilen und unterstützenden Charakter, der von Harmonie und Gemeinschaft geprägt ist.

Ruhige Reaktion: Ein Zeichen von Ausgeglichenheit und Geduld

Gelassene Persönlichkeitstypen zeichnen sich durch ihre ruhige und bedachte Reaktionsweise aus. Sie lassen sich nicht so schnell aus der Ruhe bringen und behalten auch in stressigen Situationen den Überblick. Sie nehmen sich die Zeit, Situationen zu bewerten, und handeln mit bedachter Ruhe und Gelassenheit. Ein gelassener Mensch könnte beispielsweise in einer Krisensituation die Ruhe bewahren und effektiv Lösungen finden, ohne sich von Panik oder Hektik leiten zu lassen.

Maximaler Aufwand für Verbindung: Das Streben nach Gemeinschaft und Harmonie

Sie investieren viel Energie in den Aufbau und die Pflege von Beziehungen. Sie schätzen Harmonie und Gemeinschaft und bemühen sich, ein unterstützendes und förderndes Umfeld zu schaffen. Sie sind oft die „Verbindungsstelle" in Gruppen oder Teams und tragen dazu bei, ein starkes Gemeinschaftsgefühl zu fördern.

Minimales Interesse an Veränderung: Fokus auf Beständigkeit und Zuverlässigkeit

Diese Persönlichkeitstypen zeigen oft ein minimales Interesse an Veränderung. Sie schätzen Stabilität und Kontinuität und streben danach, ihren Alltag und ihre Umgebung beständig und zuverlässig zu gestalten. Sie ziehen es vor, bewährte Routinen und Verfahren zu befolgen und sind eher zurückhaltend, wenn es um radikale Veränderungen oder ungetestete Ideen geht.

Gegenwärtiger Zeitrahmen: Ein Fokus auf das Hier und Jetzt

Gelassene Persönlichkeiten neigen dazu, sich auf die Gegenwart zu konzentrieren. Sie leben im Hier und Jetzt und schätzen den aktuellen Moment. Sie sind häufig in der Lage, den gegenwärtigen Moment voll auszukosten, und sind weniger auf die Zukunft oder die Vergangenheit fixiert.

Unterstützende Handlungen: Ein Zeichen von Fürsorge und Hilfe

Gelassene Typen handeln unterstützend. Sie sind oft diejenigen, die anderen helfen, Hindernisse zu überwinden, und die bereit sind, ihre eigenen Bedürfnisse zurückzustellen, um anderen zu helfen. Sie schätzen Teamarbeit und Zusammenarbeit und tragen oft dazu bei, ein positives und unterstützendes Arbeitsumfeld zu schaffen.

Tendenz, Konflikte abzulehnen: Ein Streben nach Harmonie und Verständnis
Sie neigen dazu, Konflikte abzulehnen. Sie schätzen Harmonie und streben danach, Missverständnisse und Auseinandersetzungen zu vermeiden. Sie sind oft in der Lage, zu vermitteln und Kompromisse zu finden, um Konflikte zu lösen und ein harmonisches Umfeld zu fördern.

Der gelassene Persönlichkeitstyp manifestiert sich in einer friedlichen, unterstützenden und harmoniebetonten Denk- und Handlungsweise. Er bewertet Stabilität und Gemeinschaft hoch, neigt zu einem ausgeglichenen und friedlichen Lebensstil und schenkt den zwischenmenschlichen Beziehungen und der Zusammenarbeit große Beachtung. Auch wenn er zuweilen als übermäßig passiv oder nachsichtig angesehen wird, sind seine Fähigkeiten zur Beschwichtigung, Unterstützung und Vermittlung oft von unschätzbarem Wert.

Wissenswertes über den gelassenen Persönlichkeitstyp
Der gelassene Persönlichkeitstyp ist wie ein ruhiger Hafen inmitten eines stürmischen Meeres – beständig, beruhigend und unglaublich belastbar. Gelassene Personen sind oft die stillen Helden hinter den Kulissen, die dazu beitragen, dass das Boot auch in rauen Gewässern ruhig und stabil bleibt.

Ihre Fähigkeit, ein Gleichgewicht in den turbulentesten Situationen zu bewahren, ist bemerkenswert. Gelassene Personen sind wie menschliche Oasen der Ruhe, die in jeder Situation einen kühlen Kopf bewahren. Sie sind nicht nur in der Lage, sich selbst zu beruhigen, sondern haben auch das Talent, diese Ruhe auf andere zu übertragen und eine Atmosphäre des Friedens und des Vertrauens zu schaffen.

Gelassene Personen sind der Klebstoff, der das soziale Gefüge zusammenhält. Mit ihrem tiefen Bedürfnis nach Harmonie und Zusammenarbeit bringen sie oft unterschiedliche Personen und Meinungen zusammen und fördern das gegenseitige Verständnis und die Zusammenarbeit. Sie haben eine natürliche Fähigkeit, zwischen Menschen zu vermitteln und Streitigkeiten zu lösen, was sie zu wertvollen Mitgliedern jedes Teams oder jeder Gemeinschaft macht.

Obwohl sie manchmal als zu passiv oder zu nachgiebig wahrgenommen werden, haben gelassene Persönlichkeiten eine bemerkenswerte innere Stärke. Ihre Ruhe sollte nicht mit Gleichgültigkeit oder Schwäche verwechselt werden – sie ist vielmehr ein Zeichen von Selbstbeherrschung und emotionaler Intelligenz. Sie erkennen die Bedeutung von Geduld und Verständnis und sind oft bereit, persönliche Bedürfnisse und Wünsche hintanzustellen, um das Wohl der Gruppe zu unterstützen.

PERSÖNLICHKEITSTYP B – BEGEISTERND

Der begeisternde Persönlichkeitstyp, der vierte Typ in unserem ADGB-Modell, ist charakterisiert durch seine schnelle Reaktionsfähigkeit, seine zukunftsorientierte Denkweise und seine leidenschaftliche Abneigung gegen Isolation.

Schnelle Reaktion: Ein Zeichen von Dynamik und Spontanität

Begeisternde Persönlichkeiten sind bekannt für ihre schnelle Reaktionsfähigkeit. Sie sind spontan und impulsiv und springen schnell auf neue Ideen oder Chancen auf. Sie sind in der Lage, schnell zu denken, Entscheidungen zu treffen und auf Veränderungen in ihrer Umgebung zu reagieren. Ein begeisternder Typ könnte beispielsweise auf eine neue Geschäftschance aufmerksam werden und sofort einen Plan zur Nutzung dieser Gelegenheit entwickeln.

Maximaler Aufwand für Beteiligung: Das Streben nach Gemeinschaft und Aktivität

Begeisternde Typen investieren viel Energie in die Beteiligung und Einbeziehung anderer. Sie sind oft die „Seele der Party", die andere dazu ermutigen, sich zu beteiligen und Spaß zu haben. Sie sind in der Regel gesellig, ausdrucksstark und lieben es, andere Menschen um sich zu haben.

Minimales Interesse an Routine: Fokus auf Innovation und Abwechslung

Begeisternde Persönlichkeitstypen zeigen oft ein minimales Interesse an Routine. Sie schätzen Vielfalt und Abwechslung und streben ständig nach neuen Erfahrungen und Erkenntnissen. Sie sind offen für Veränderungen und freuen sich auf neue Herausforderungen und Möglichkeiten.

Zukünftiger Zeitrahmen: Ein Fokus auf Vision und Fortschritt

Begeisternde Persönlichkeiten sind zukunftsorientiert. Sie denken oft über die Zukunft nach und machen Pläne für das, was kommen wird. Sie sind visionär und streben danach, Fortschritte zu machen und ihre Ziele und Träume zu verwirklichen.

Impulsive Handlungen: Ein Zeichen von Enthusiasmus und Initiative

Begeisternde Typen handeln impulsiv. Sie sind oft die Ersten, die eine neue Idee oder ein neues Projekt vorantreiben, und sie zögern nicht, Maßnahmen und Chancen zu ergreifen, wenn sie sich bieten. Sie sind energisch und leidenschaftlich und lassen sich von ihrer Begeisterung und ihrem Enthusiasmus leiten.

Tendenz, Isolation abzulehnen: Ein Streben nach Gemeinschaft und Zusammenarbeit

Abschließend neigen begeisternde Persönlichkeiten dazu, Isolation abzulehnen. Sie schätzen Gemeinschaft und Zusammenarbeit und streben danach, in einer lebendigen und interaktiven Umgebung zu sein. Sie ziehen es vor, in Teams oder Gruppen zu arbeiten, und meiden Situationen, in denen sie allein oder isoliert sein könnten.

Im Großen und Ganzen präsentiert sich der begeisternde Persönlichkeitstyp mit einer lebendigen, zukunftsorientierten und gemeinschaftlichen Denkweise. Er schätzt Spontaneität und Innovation, legt Wert auf Gemeinschaft und Zusammenarbeit und genießt eine aktive und facettenreiche Umgebung. Trotz gelegentlicher Wahrnehmung als impulsiv oder ungestüm erweisen sich seine Fähigkeiten zur Motivation, Innovation und zur Förderung der Gemeinschaft oft als unschätzbar.

Wissenswertes über den begeisternden Persönlichkeitstyp

Der begeisternde Persönlichkeitstyp zieht durch seine Energie und seinen Optimismus andere Menschen in seinen Bann. Begeisternde Personen haben eine unvergleichliche Fähigkeit, andere mit ihrer Leidenschaft und Begeisterung anzustecken und sie zu inspirieren, über sich hinauszuwachsen.

Eine begeisternde Person bringt Farbe und Lebendigkeit in jede Situation. Sie ist wie ein Funken, der ein Feuer entzündet, oder ein Funken, der eine Kettenreaktion auslöst. Ihre ansteckende Energie und ihre Fähigkeit, andere zu motivieren und zu inspirieren, können oft den Unterschied ausmachen, ob ein Projekt gelingt oder scheitert.

Begeisternde Personen haben eine natürliche Gabe, andere einzubeziehen und das Beste in ihnen hervorzubringen. Sie haben die Fähigkeit, andere dazu zu bringen, an sich selbst und an das, was sie erreichen können, zu glauben. Mit ihrem Blick in die Zukunft und ihrer offenen, einladenden Natur sind sie in der Lage, Menschen zusammenzubringen und ihnen dabei zu helfen, ihre Träume und Ziele zu erreichen.

Die Energie und der Elan des begeisternden Persönlichkeitstyps werden jedoch manchmal als übermäßig oder impulsiv wahrgenommen. Diese Personen leben in der Zukunft und haben manchmal Schwierigkeiten, im Hier und Jetzt zu bleiben. Ihre Liebe zur Abwechslung und zur ständigen Bewegung kann dazu führen, dass sie sich langweilen, wenn sie sich mit Routineaufgaben oder Details beschäftigen müssen. Trotzdem bringt ihr dynamischer und zukunftsorientierter Ansatz eine einzigartige und wertvolle Perspektive in jede Situation ein.

DER UMGANG MIT VERSCHIEDENEN PERSÖNLICHKEITEN

In der facettenreichen Welt der zwischenmenschlichen Interaktionen sind Persönlichkeitstypen wie geheime Codes, die uns helfen, das Verhalten und die Motivationen anderer Menschen besser zu verstehen. Wenn wir lernen, diese Codes zu entziffern und zu verstehen, eröffnen sich uns völlig neue Möglichkeiten im Umgang mit anderen. Ob in der Familie, in der Freundschaft, in der Partnerschaft oder im Beruf – das Verständnis von Persönlichkeitstypen kann uns dabei helfen, effektiver zu kommunizieren, Missverständnisse zu vermeiden und stärkere, harmonischere Beziehungen aufzubauen. Weitere Informationen hierzu erhalten Sie in den nachfolgenden Kapiteln.

Persönlichkeitstyp A: Analytisch

Der analytische Persönlichkeitstyp ist wie ein Meisterdetektiv. Mit einem scharfen Verstand und einer Vorliebe für Fakten und Daten neigt er dazu, die Welt durch die Linse der Logik und Rationalität zu betrachten. Er ist der Architekt und Ingenieur der Gesellschaft, mit einer bemerkenswerten Fähigkeit, komplexe Probleme zu lösen und detaillierte Pläne zu erstellen.

Stärken

Diese Personen sind oft die unsichtbaren Helden hinter erfolgreichen Projekten und Unternehmungen. Ihre Fähigkeit zur genauen Analyse und gründlichen Planung ermöglicht es ihnen, Projekte auf solide Fundamente zu stellen und potenzielle Hindernisse vorauszusehen. Mit ihrer detailorientierten und methodischen Arbeitsweise sind sie in der Lage, hohe Qualitätsstandards einzuhalten und komplexe Aufgaben mit bemerkenswerter Präzision und Effizienz zu erledigen.

Schwächen

Aber selbst Superhelden haben ihre Schwachstellen. Die analytischen Persönlichkeitstypen können sich manchmal so sehr in Details und Perfektion verlieren, dass sie den Blick für das große Ganze verlieren. Ihre Tendenz zur Überanalyse kann auch zu Entscheidungsparalyse führen, da sie oft Schwierigkeiten haben, schnell Entscheidungen zu treffen. Und während ihre sachliche, logikbasierte Herangehensweise in vielen Situationen ein Segen ist, kann sie in zwischenmenschlichen Beziehungen manchmal als Kälte oder Distanziertheit wahrgenommen werden.

Tipps für den Umgang mit diesem Persönlichkeitstyp:
Im Umgang mit analytischen Persönlichkeitstypen kann es hilfreich sein, klare, logische und detaillierte Kommunikation zu verwenden. Sie schätzen Fakten und Daten und reagieren gut auf Argumente, die auf soliden Beweisen und logischer Konsistenz basieren. Geben Sie ihnen genügend Zeit und Raum, um Informationen zu verarbeiten und Entscheidungen zu treffen. Versuchen Sie, ein geordnetes und strukturiertes Umfeld zu schaffen, in dem sie ihre Fähigkeiten optimal nutzen können. Und schließlich: Haben Sie Geduld mit ihnen. Ihre Tendenz zur Perfektion kann manchmal zu Verzögerungen führen, aber das Ergebnis ist oft die Mühe wert.

Persönlichkeitstyp D: Dominant

Die dominanten Persönlichkeitstypen sind die natürlichen Anführer unter uns. Mit ihrer ausgeprägten Fähigkeit, Entscheidungen zu treffen und andere zu motivieren, sind sie oft diejenigen, die am Steuer sitzen, wenn es darum geht, Projekte zu starten oder Teams zu leiten.

Stärken

Dominante Typen strahlen Autorität und Selbstvertrauen aus. Sie haben ein Gespür für die Führung und sind in der Lage, andere Menschen zu inspirieren und zu motivieren. Sie sind entscheidungsfreudig und scheuen sich nicht davor, Verantwortung zu übernehmen. Diese Typen sind oft sehr zielstrebig und sind bereit, Risiken einzugehen, um ihre Ziele zu erreichen.

Schwächen

Auf der anderen Seite können dominante Typen manchmal als zu autoritär oder ungeduldig wahrgenommen werden. Ihre Entschlossenheit und Direktheit können andere überwältigen und in einigen Fällen sogar abschrecken. Sie können dazu neigen, zu impulsiv zu handeln, ohne genügend Zeit für Überlegungen oder Rücksprache mit anderen zu nehmen. Außerdem können sie Schwierigkeiten haben, ihre Kontrollbedürfnisse zu zügeln und anderen genügend Raum für Autonomie und Initiative zu lassen.

Tipps für den Umgang mit diesem Persönlichkeitstyp:
Im Umgang mit dominanten Persönlichkeitstypen ist es wichtig, Offenheit und Direktheit zu zeigen. Sie respektieren Menschen, die ihre Meinung klar und selbstbewusst äußern können. Zeigen Sie Entschlossenheit und Eigeninitiative, um ihr Vertrauen zu gewinnen. Gleichzeitig ist es wichtig, klar und direkt zu kommunizieren, wenn Sie das Gefühl haben, dass sie zu weit gehen oder Ihre Grenzen überschreiten. Denken Sie daran, dass sie zwar natürliche Führungspersönlichkeiten sind, aber genauso wie jeder andere auch Respekt und Verständnis für die Bedürfnisse und Gefühle anderer zeigen müssen.

Persönlichkeitstyp G: Gelassen

Gelassene Persönlichkeitstypen sind die ruhigen Kräfte in unserer Mitte. Sie bringen Ruhe und Ausgeglichenheit in jede Situation und sind oft diejenigen, auf die wir uns verlassen können, um ein Gefühl der Stabilität und des Friedens zu bewahren.

Stärken

Gelassene Typen sind oft hervorragende Zuhörer und Beobachter. Sie schätzen Harmonie und haben eine natürliche Begabung dafür, andere Menschen zu verstehen und zu unterstützen. Ihre ruhige und geduldige Natur macht sie zu zuverlässigen und treuen Freunden, Partnern und Teammitgliedern. Sie sind in der Lage, in stressigen Situationen einen kühlen Kopf zu bewahren und rational und bedacht zu handeln.

Schwächen

Auf der anderen Seite können gelassene Typen Schwierigkeiten haben, sich durchzusetzen oder Veränderungen anzunehmen. Sie neigen dazu, Konflikte zu vermeiden, was dazu führen kann, dass sie ihre eigenen Bedürfnisse und Wünsche zurückstellen oder übergehen lassen. Ihre Bestrebungen nach Harmonie und Ausgeglichenheit können sie dazu verleiten, Veränderungen oder neue Herausforderungen zu meiden, die ihr Gleichgewicht stören könnten.

Tipps für den Umgang mit diesem Persönlichkeitstyp:
Im Umgang mit gelassenen Persönlichkeitstypen ist es wichtig, Geduld und Verständnis zu zeigen. Achten Sie auf ihre Gefühle und Bedürfnisse und versuchen Sie, ein harmonisches und unterstützendes Umfeld zu schaffen. Seien Sie bereit, ihnen Zeit und Raum zu geben, um ihre Gedanken und Gefühle zu verarbeiten. Vermeiden Sie aggressive oder konfrontative Kommunikation und suchen Sie stattdessen nach Kompromissen und Win-win-Lösungen. Wenn Sie ihre Ruhe und Gelassenheit respektieren, werden sie Ihnen mit Loyalität und Unterstützung danken.

Persönlichkeitstyp D: Begeisternd

Begeisternde Persönlichkeitstypen spielen eine zentrale Rolle bei der Förderung von Energie und Enthusiasmus in jeder Gruppe. Sie zeichnen sich durch ihre dynamische, spontane Natur und ihre Fähigkeit, regelmäßig innovative Ideen einzubringen, aus.

Stärken

Die Stärken des begeisternden Persönlichkeitstyps liegen in seiner Kreativität, Spontanität und Fähigkeit, andere zu motivieren. Er ist oft der Impulsgeber und der Innovator in Teams und bringt Energie und Begeisterung in die Gruppe. Er ist offen für neue Erfahrungen und Ideen und ist bereit, Risiken einzugehen und neue Wege zu beschreiten. Sein Optimismus und sein Zukunftsdenken können ansteckend sein und dazu beitragen, andere zu inspirieren und zu motivieren.

Schwächen

Allerdings können begeisternde Typen auch unbeständig und unorganisiert sein und Schwierigkeiten haben, sich auf Routineaufgaben oder Detailarbeit zu konzentrieren. Sie neigen dazu, sich leicht ablenken zu lassen, und können impulsiv oder unüberlegt handeln. Sie könnten Schwierigkeiten haben, Projekte zu Ende zu bringen, insbesondere, wenn sie monoton oder eintönig werden.

Tipps für den Umgang mit diesem Persönlichkeitstyp:
Im Umgang mit begeisternden Persönlichkeitstypen ist es wichtig, ihre Energie und Kreativität zu schätzen und zu nutzen. Geben Sie ihnen die Freiheit und Flexibilität, neue Ideen zu erforschen und innovative Lösungen zu entwickeln. Versuchen Sie, ein offenes und anregendes Umfeld zu schaffen, in dem sie ihre Ideen und ihre Energie frei ausdrücken können. Seien Sie geduldig mit ihrer Unbeständigkeit und helfen Sie ihnen, Strukturen und Routinen zu entwickeln, die ihnen helfen, fokussiert und organisiert zu bleiben. Mit der richtigen Unterstützung und Anleitung können begeisternde Persönlichkeitstypen unglaubliche Kreativität und Dynamik in ein Team oder eine Organisation einbringen.

Dies sind essentielle Leitlinien für den Umgang mit den unterschiedlichen Persönlichkeitstypen innerhalb des ADGB-Modells. Das zentrale Prinzip besteht darin, die Vielfältigkeit der menschlichen Natur zu verstehen und anzuerkennen und die Interaktionen entsprechend dieser Diversität zu gestalten. Jeder Persönlichkeitstyp zeichnet sich durch spezielle Stärken und Schwächen sowie individuelle Bedürfnisse und Vorlieben aus. Durch die Anerkennung und Berücksichtigung dieser Aspekte lassen sich effektivere und harmonischere Beziehungen etablieren. Es geht jedoch nicht nur darum, Unterschiede zu akzeptieren, sondern auch darum, sie wertzuschätzen und zu nutzen. Die speziellen Talente und Fähigkeiten jedes Typs können erkannt und genutzt werden, um eine komplementäre Dynamik zu schaffen, die das Beste aus jedem Einzelnen hervorbringt. Mit diesem Verständnis ausgestattet, kann zudem gezielter auf die spezifischen Schwächen und Herausforderungen reagiert werden, die mit jedem Persönlichkeitstyp einhergehen.

Ein effektiver Umgang mit verschiedenen Persönlichkeitstypen erfordert auch die Fähigkeit, eigenes Verhalten und eigene Reaktionen anzupassen. Je flexibler und empathischer auf die Bedürfnisse und Charakteristiken anderer eingegangen werden kann, desto besser lassen sich positive und produktive Beziehungen aufbauen und pflegen.

Die Kenntnis und das Verständnis der verschiedenen Persönlichkeitstypen des ADGB-Modells sind daher nicht nur wertvolle Instrumente für den Aufbau besserer Beziehungen, sondern stellen auch einen Schritt hin zu mehr Selbstbewusstsein und persönlicher Entwicklung dar.

Red Flags: Wie man Idioten zielsicher erkennt

Jeder Mensch hat seine Eigenheiten und Macken, das ist vollkommen normal und sogar wünschenswert, da dies zu unserer Einzigartigkeit beiträgt. Aber manchmal stoßen wir auf Personen, die mit ihrer Verhaltensweise über die normale Exzentrizität hinausgehen und die Grenzen des Erträglichen überschreiten. Diese Menschen werden im Volksmund oft als „Idioten" bezeichnet. Nun werden wir einen Blick darauf werfen, wie Sie solche Idioten anhand spezifischer „Red Flags" oder Warnzeichen erkennen können.

Ein kurzer Überblick

Bedenken Sie, dass Idioten in allen Formen auftreten können und dass sie sich nicht auf einen bestimmten Persönlichkeitstyp beschränken. Bei jedem Persönlichkeitstyp können ungesunde oder problematische Verhaltensweisen auftreten. Aber wie erkennt man solche problematischen Verhaltensweisen? Hier sind einige grundlegende Warnsignale, auf die Sie achten sollten:

Missachtung von Grenzen

Wenn jemand wiederholt persönliche oder berufliche Grenzen überschreitet, trotz klarer Kommunikation, dass dieses Verhalten inakzeptabel ist, handelt es sich um eine „Red Flag". Zum Beispiel kann jemand wiederholt versuchen, private Gespräche oder Aktivitäten zu stören, auch wenn man mehrfach klargestellt hat, dass solche Unterbrechungen unerwünscht sind.

Respektlosigkeit

Ein Mangel an Respekt kann sich durch abwertende Kommentare, Beleidigungen oder die Nichtanerkennung der Rechte und Gefühle anderer manifestieren. Ein klares Beispiel wäre jemand, der ständig über andere hinwegspricht, ihre Meinungen herabsetzt oder ihre Gefühle ignoriert.

Manipulatives Verhalten

Eine Person, die versucht, andere durch Manipulation zu kontrollieren oder zu beeinflussen, zeigt eindeutig ungesunde Verhaltensweisen. Zum Beispiel könnte jemand ständig Schuldgefühle hervorrufen oder emotionale Erpressung verwenden, um andere zu seinen Gunsten zu beeinflussen.

Ständige Negativität

Ein dauerhaft negatives Verhalten kann ebenfalls auf ein problematisches Individuum hinweisen. Eine Person, die ständig negative Kommentare abgibt, pessimistische Einstellungen hat oder immer das Schlechteste in Situationen sieht, kann sehr ermüdend und schwierig im Umgang sein.

Unverantwortlichkeit

Wenn jemand wiederholt keine Verantwortung für seine Handlungen oder Fehler übernimmt, ist dies ein ernstes Warnzeichen. Zum Beispiel könnte jemand ständig anderen die Schuld für seine Misserfolge geben oder sich weigern, seine Fehler zu akzeptieren und daraus zu lernen.

Tipps „to go"

• Vertrauen Sie auf Ihre Instinkte
Oft haben wir ein tiefes, instinktives Gefühl, wenn etwas in einer Beziehung oder Interaktion „nicht richtig" ist. Dieses Bauchgefühl, oder diese Intuition, ist ein leistungsfähiger interner Kompass. Wenn Sie also eine tiefe Unruhe oder ein Unbehagen in Bezug auf jemanden verspüren, auch wenn Sie die genauen Gründe dafür nicht artikulieren können, ist es wichtig, diesem Gefühl Beachtung zu schenken. Ein praktisches Beispiel hierfür wäre, wenn Sie sich in Anwesenheit einer Person ständig angespannt oder auf der Hut fühlen, obwohl diese Person nichts Offensichtliches getan hat, um diese Reaktion hervorzurufen.

• Setzen Sie Grenzen
Es ist unerlässlich, klare persönliche und professionelle Grenzen zu setzen und diese zu kommunizieren. Lassen Sie andere wissen, was Sie als akzeptables Verhalten betrachten und was nicht. Zum Beispiel könnten Sie, wenn jemand Sie ständig zu unbequemen Zeiten anruft, festlegen, dass Sie nur zu bestimmten Zeiten für Anrufe zur Verfügung stehen.

• Klare Kommunikation
Wenn das Verhalten einer Person Sie stört oder Unbehagen verursacht, ist es wichtig, dies auszudrücken. Machen Sie deutlich, wie Sie sich fühlen und warum Sie das Verhalten der anderen Person als problematisch empfinden. Wenn jemand zum Beispiel ständig abfällige Bemerkungen über Ihre Arbeit macht, könnten Sie sagen: „Ich fühle mich durch deine ständigen negativen Kommentare zu meiner Arbeit herabgesetzt. Ich würde es begrüßen, wenn du konstruktives Feedback geben könntest statt nur Kritik."

• Erlernen Sie Konfliktlösungsstrategien
Konflikte sind unvermeidlich, besonders wenn man mit problematischen Menschen zu tun hat. Erlernen Sie Techniken zur Konfliktlösung, wie sie in diesem Ratgeber behandelt werden, um solche Situationen effektiv zu bewältigen. Eine solche Technik könnte beispielsweise die „Ich-Botschaft" sein: Anstatt zu sagen, „Du bist immer so respektlos", könnten Sie sagen: „Ich fühle mich respektlos behandelt, wenn du ..." Diese Art der Kommunikation kann dazu beitragen, dass die andere Person weniger defensiv reagiert und eher bereit ist, das Problem zu besprechen.

Warnzeichen

Im Folgenden tauchen wir tiefer ein in die Nuancen der Zeichen, die auf schwierige Interaktionen mit den verschiedenen Persönlichkeitstypen hindeuten könnten. Beachten Sie, dass nicht jedes dieser Erkennungszeichen universell auf jeden Persönlichkeitstyp anwendbar ist und dass das Ausmaß und die Intensität problematischer Verhaltensweisen stark variieren können. Genauso wichtig ist es, zu berücksichtigen, dass das Vorhandensein einer oder mehrerer dieser Indikatoren nicht unweigerlich bedeutet, dass die betreffende Person als Idiot eingestuft werden sollte. Diese Zeichen sind stattdessen dazu gedacht, Ihnen ein Instrument an die Hand zu geben, um potentielle Schwierigkeiten frühzeitig zu identifizieren und angemessen darauf reagieren zu können.

Analytischer Typ

Im Umgang mit Personen des analytischen Persönlichkeitstyps könnten sich die Warnzeichen in folgender Weise manifestieren:

• Übermäßige Kritik
Sollten sie kontinuierlich jedes Detail sezieren und ihre Mitmenschen mit einer Flut von Kritik überziehen, könnte dies als Hinweis auf ein problematisches Verhaltensmuster dienen.

• Inflexibilität
Weigern sie sich standhaft, ihren Plan zu ändern oder alternative Lösungen in Betracht zu ziehen, könnte dies ein Zeichen für eine ausgesprochene Starrheit und mangelnde Anpassungsfähigkeit sein.

• Ignorieren von Emotionen
Spielen sie ständig Gefühle und Emotionen herunter oder ignorieren sie diese – seien es die eigenen oder die der anderen –, könnte dies auf eine mangelnde emotionale Intelligenz hindeuten.

Dominanter Typ

Im Umgang mit dem dominanten Persönlichkeitstyp könnten die Warnzeichen folgende Facetten aufweisen:

• Autoritäres Verhalten
Wenn sie unablässig die Kontrolle übernehmen, andere bevormunden und wenig Raum für die Meinungen und Ideen anderer lassen, könnte dies auf ein autoritäres Verhaltensmuster hinweisen.

• Mangelnde Empathie
Zeigen sie wenig Verständnis oder Rücksicht auf die Gefühle und Bedürfnisse anderer, könnte dies ein Indikator für eine mangelnde Empathie sein.

• Aggressivität
Wenn ihre Durchsetzungsfähigkeit in Aggressivität umschlägt und sie andere Menschen einschüchtern oder belästigen, ist dies ein ernstzunehmendes Warnzeichen.

Gelassener Typ

Im Umgang mit dem gelassenen Persönlichkeitstyp könnten die Warnzeichen sich folgendermaßen äußern:

• Vermeidung von Konflikten
Wenn sie Konflikte um jeden Preis meiden, selbst, wenn es notwendig wäre, ihre Meinung zu äußern oder für sich selbst einzustehen, könnte dies ein Zeichen für eine überbordende Passivität sein.

• Übermäßige Abhängigkeit
Sollten sie ständig die Hilfe oder Zustimmung anderer benötigen und Schwierigkeiten haben, Entscheidungen zu treffen oder eigenständig zu handeln, könnte dies auf eine übermäßige Abhängigkeit hindeuten.

• Unterdrückung von Gefühlen
Unterdrücken oder verbergen sie ständig ihre eigenen Gefühle, insbesondere negative, könnte dies auf ein problematisches Verhalten hinweisen.

Begeisternder Typ

Im Umgang mit dem begeisternden Persönlichkeitstyp könnten die Warnzeichen folgende Aspekte beinhalten:

• Unverantwortlichkeit
Wenn sie unentwegt von einer Aufgabe zur nächsten springen, ohne ihre Verpflichtungen zu erfüllen oder die Konsequenzen ihrer Handlungen zu bedenken, könnte dies ein Anzeichen für mangelnde Verantwortlichkeit sein.

• Oberflächlichkeit
Wenn sie ständig nach Neuem und Aufregendem suchen und dabei die Tiefe und Qualität ihrer Beziehungen oder Projekte vernachlässigen, könnte dies auf Oberflächlichkeit hindeuten.

• Impulsivität
Wenn ihre Spontaneität in Impulsivität umschlägt und sie Dinge tun, ohne die möglichen Folgen zu bedenken, ist dies ein ernstes Warnzeichen.

Mit diesem fundierten Wissen um diese Anzeichen sind Sie besser gerüstet, um potenzielle Idioten in Ihrem Umfeld frühzeitig zu erkennen. Seien Sie bei solchen Verhaltensmustern wachsam und reagieren Sie entsprechend. Denken Sie jedoch daran, dass jeder Mensch gute und schlechte Tage hat und diese Zeichen nicht zwangsläufig auf einen Idioten hinweisen müssen. Sie dienen vielmehr als Werkzeug zur Verbesserung unserer zwischenmenschlichen Kommunikation und zum tieferen Verständnis der verschiedenen Persönlichkeitstypen.

Selbsttest: Bewältigung von Stresssituationen und Konflikten

In unserer hektischen und oft angespannten Welt sind Stress und Konflikte allgegenwärtige Realitäten, denen wir begegnen müssen. Wie Sie mit diesen Situationen umgehen, prägt nicht nur Ihre geistige und körperliche Gesundheit, sondern auch Ihre Beziehungen und den allgemeinen Lebenserfolg. Um Ihnen dabei zu helfen, Ihre individuellen Bewältigungsstrategien zu verstehen und zu optimieren, haben wir diesen Selbsttest erstellt. Dieser Test soll Ihnen helfen, tiefe Einblicke in Ihre Reaktionen auf Stress und Konflikte zu gewinnen, und Ihnen zeigen, wie Sie diese Situationen effektiver bewältigen können.

Denken Sie daran, es gibt keine „richtigen" oder „falschen" Antworten. Ziel dieses Selbsttests ist es, Sie dazu zu ermutigen, Ihre aktuellen Bewältigungsstrategien für Stress und Konflikte zu reflektieren und Bereiche zu identifizieren, in denen Verbesserungen möglich und wünschenswert sind. Nach Abschluss des Tests folgen eine detaillierte Auswertung sowie weiterführende Tipps und Ressourcen, um Sie bei der Verbesserung Ihrer Fähigkeiten zur Bewältigung von Stress und Konflikten zu unterstützen.

SELBSTTEST

Dieser Selbsttest ist dazu gedacht, Ihnen einen tieferen Einblick in Ihr Verhalten und Ihre Reaktionen in stressigen Situationen oder bei Konflikten zu geben. Um den Test durchzuführen, lesen Sie einfach jede Frage und die dazugehörigen Antwortmöglichkeiten durch.

Für jede Frage sollten Sie die Antwort auswählen, die Ihrer Meinung nach Ihre typische Reaktion oder Ihr übliches Verhalten am besten beschreibt. In einigen Fällen könnten Sie feststellen, dass mehrere Antworten auf Sie zutreffen. In diesem Fall ist es am besten, die Antwort zu wählen, die am häufigsten oder in den meisten Situationen zutrifft.

Es gibt keine richtige oder falsche Antwort. Ziel des Tests ist es, Ihnen dabei zu helfen, Ihr eigenes Verhalten besser zu verstehen und zu reflektieren, wie Sie auf Stress und Konflikte reagieren.

Um Ihre Antworten zu notieren, können Sie einfach ein Blatt Papier verwenden. Am Ende des Tests können Sie Ihre Antworten überprüfen und sehen, welche Muster oder Tendenzen sich in Ihrem Verhalten zeigen. Dies kann

Ihnen dabei helfen, Bereiche zu identifizieren, in denen Sie eventuell Verbesserungen vornehmen oder Strategien zur Stressbewältigung entwickeln möchten.

Wie reagiere ich normalerweise, wenn ich gestresst bin?

1. Ich ziehe mich zurück und suche Ruhe und Einsamkeit.
2. Ich suche die Gesellschaft und Unterstützung von Freunden oder Familienmitgliedern.
3. Ich tauche in die Arbeit oder andere Aktivitäten ein, um mich abzulenken.
4. Ich nehme mir Zeit für Entspannungsübungen, Meditation oder Sport.

Wie gehe ich mit Stress auf der Arbeit um?

1. Ich versuche, ihn zu ignorieren und mich auf meine Aufgaben zu konzentrieren.
2. Ich spreche mit Kollegen oder Vorgesetzten über meine Gefühle.
3. Ich neige dazu, Überstunden zu machen oder noch härter zu arbeiten.
4. Ich versuche, meine Arbeitslast zu reduzieren oder Pausen einzulegen, um mich zu entspannen.

Wie wirkt sich Stress auf meine Beziehungen zu anderen aus?

1. Ich ziehe mich von anderen zurück und verbringe mehr Zeit allein.
2. Ich suche aktiv den Kontakt zu anderen, um Unterstützung zu finden.
3. Ich werde gereizter und streitlustiger gegenüber anderen.
4. Ich versuche, meine Beziehungen zu pflegen und meinen Stress nicht auf andere zu übertragen.

Wie gehe ich mit Konflikten um?

1. Ich vermeide Konflikte, wann immer es möglich ist, und ziehe es vor, mich aus der Situation zurückzuziehen.
2. Ich gehe Konflikten direkt entgegen und versuche, einen Kompromiss oder eine Lösung zu finden.
3. Ich verteidige meine Position entschieden, auch wenn es zu weiteren Spannungen führt.
4. Ich bemühe mich, die Perspektive der anderen Person zu verstehen und empathisch zu reagieren.

Wie gehe ich mit Konflikten in meinen persönlichen Beziehungen um?

1. Ich ziehe es vor, das Thema zu wechseln oder die Situation zu verlassen, um den Konflikt zu vermeiden.

2. Ich versuche, das Problem zu diskutieren und eine Lösung zu finden, die für beide Seiten akzeptabel ist.

3. Ich bestehe auf meine Sichtweise und erwarte, dass die andere Person sich anpasst.

4. Ich versuche, Verständnis und Einfühlungsvermögen zu zeigen, auch wenn wir uns nicht einig sind.

Wie beeinflussen Konflikte meine Emotionen und mein Wohlbefinden?

1. Sie bringen mich aus dem Gleichgewicht und machen mich nervös oder ängstlich.

2. Sie motivieren mich, Probleme zu lösen und Verbesserungen zu erreichen.

3. Sie führen dazu, dass ich mich verteidigen und beweisen muss.

4. Sie regen mich zum Nachdenken und zur Selbstreflexion an.

AUFLÖSUNG DES SELBSTTESTS UND WEITERFÜHRENDE TIPPS

Zur Auswertung dieses Selbsttests gibt es keine Punktevergabe oder genaue Bewertung. Stattdessen sind die Fragen und die dazugehörigen Antworten darauf ausgelegt, Ihnen einen Einblick in Ihr Verhalten und Ihre typischen Reaktionen auf Stress und Konflikte zu geben.

Gehen Sie Ihre Antworten durch und lesen Sie die dazugehörige Auflösung und die weiterführenden Tipps, die auf jede mögliche Antwort folgen. Diese Abschnitte sind so gestaltet, dass sie Ihre ausgewählten Antworten reflektieren und Ihnen konkrete Ratschläge und Strategien bieten, um Ihr Verhalten und Ihre Reaktionsweisen zu verbessern.

Wenn Sie zum Beispiel bei der ersten Frage „Ich ziehe mich zurück und suche Ruhe und Einsamkeit" ausgewählt haben, lesen Sie den zugehörigen Tipp: „Einsamkeit und Ruhe können hilfreich sein, um Stress zu verarbeiten. Aber verfallen Sie nicht in Isolation. Versuchen Sie, sich anderen anzuvertrauen und Unterstützung zu suchen."

Verstehen Sie, dass der Test darauf abzielt, Ihnen zu helfen, Ihre eigenen Reaktionen und Verhaltensweisen zu verstehen und zu verbessern, und nicht darauf, Sie zu bewerten oder zu beurteilen. Das Ziel ist es, ein Bewusstsein für Ihre eigenen Stressreaktionen zu entwickeln und Wege zu finden, diese zu verbessern und zu optimieren.

Nehmen Sie sich nach dem Test etwas Zeit, um über Ihre Antworten und die entsprechenden Ratschläge nachzudenken. Überlegen Sie, welche Änderungen Sie in Ihrem Leben vornehmen könnten, um Ihre Fähigkeit zur Stressbewältigung zu verbessern und effektiver mit Konflikten umzugehen. Erinnern Sie sich daran, dass Veränderung Zeit braucht und das Ziel nicht Perfektion, sondern stetige Verbesserung ist.

Wie Sie auf Stress reagieren
1. Einsamkeit und Ruhe können hilfreich sein, um Stress zu verarbeiten. Aber es ist wichtig, nicht in Isolation zu fallen. Versuchen Sie, sich anderen anzuvertrauen und Unterstützung zu suchen.
2. Die Suche nach Unterstützung von geliebten Menschen ist eine gesunde Strategie zur Stressbewältigung. Vergessen Sie nicht, sich auch Zeit für sich selbst zu nehmen und an eigenen Lösungen zu arbeiten.
3. Arbeit oder andere Aktivitäten können eine gute Ablenkung sein, sollten jedoch nicht zur Flucht vor dem Stress werden. Versuchen Sie, sich aktiv mit dem Stress auseinanderzusetzen und ihn zu bewältigen.
4. Entspannungsübungen, Meditation und Sport sind ausgezeichnete Methoden zur Stressbewältigung. Sie können Ihnen helfen, sich zu beruhigen und Ihre Gedanken zu klären.

Wie Sie mit Stress auf der Arbeit umgehen
1. Ignorieren Sie Stress nicht. Langfristig kann dies zu gesundheitlichen Problemen führen. Sprechen Sie offen über Ihre Situation und suchen Sie nach Lösungen.
2. Das Gespräch mit Kollegen und Vorgesetzten kann hilfreich sein, um Stress auf der Arbeit zu bewältigen. Suchen Sie jedoch auch nach weiteren Strategien, um Ihren Stress zu bewältigen.
3. Überarbeitung kann zu Burnout führen. Achten Sie auf eine ausgewogene Work-Life-Balance und nehmen Sie sich regelmäßig Auszeiten zur Erholung.
4. Reduzieren Sie Ihre Arbeitsbelastung, wenn nötig, und achten Sie auf regelmäßige Pausen. Diese können Ihnen helfen, Ihren Stresspegel zu senken und Ihre Produktivität zu erhöhen.

Wie Sie mit Konflikten umgehen

1. Konfliktvermeidung ist manchmal notwendig, kann aber auch zur Eskalation oder Ignorierung von Problemen führen. Lernen Sie, Konflikte gesund zu bewältigen und eine konstruktive Lösung zu finden.

2. Direktes Konfrontieren mit Konflikten und die Suche nach Kompromissen sind oft die besten Schritte auf dem Weg zur Lösung. Üben Sie aktives Zuhören und stellen Sie sicher, dass auch Ihre eigenen Bedürfnisse berücksichtigt werden.

3. Bestehen Sie nicht immer auf Ihre Sichtweise. Lernen Sie, die Perspektiven der anderen zu respektieren und eine gemeinsame Lösung zu finden.

4. Empathie ist eine starke Fähigkeit bei der Konfliktbewältigung. Sie hilft dabei, die Bedürfnisse der anderen zu verstehen und respektvoll zu reagieren.

Wie Sie mit Konflikten in Beziehungen umgehen

1. Vermeidung ist nicht immer die beste Strategie. Es ist wichtig, offen und ehrlich über Ihre Gefühle zu sprechen und Probleme nicht unter den Teppich zu kehren.

2. Offene Kommunikation und aktives Zuhören sind essentiell in Beziehungen. Es ist auch wichtig, ein Gleichgewicht zwischen den Bedürfnissen aller Beteiligten zu finden.

3. Die Kontrolle über jede Situation zu haben, ist weder möglich noch gesund. Lernen Sie, Kompromisse einzugehen, und lassen Sie den anderen Personen Raum, um ihre Perspektiven und Bedürfnisse zu äußern.

4. Respekt und Verständnis sind Grundsteine jeder gesunden Beziehung. Sorgen Sie dafür, dass diese in Ihren Beziehungen stets präsent sind.

Wie Sie mit persönlichen Konflikten umgehen

1. Das Ignorieren von Problemen oder Gefühlen führt oft zu größerem Stress und Unzufriedenheit. Lernen Sie, Ihre Gefühle anzuerkennen und konstruktiv damit umzugehen.

2. Sich Unterstützung zu suchen, ist eine gute Strategie. Ob von Freunden, Familie oder einem Profi – es ist in Ordnung, Hilfe zu suchen.

3. Wichtig ist, Verantwortung für Ihre eigenen Gefühle und Reaktionen zu übernehmen. Aber es ist ebenso wichtig, sich selbst gegenüber nachsichtig zu sein und Selbstfürsorge zu betreiben.

4. Achtsamkeit und Selbstreflexion sind Schlüsselkompetenzen, um mit persönlichen Konflikten umzugehen. Sie helfen Ihnen, Ihre Gefühle und Bedürfnisse besser zu verstehen und angemessene Lösungen zu finden.

Erinnern Sie sich daran, dass die Fähigkeit, Stress und Konflikte zu bewältigen, erlernt werden kann und dass es nie zu spät ist, neue Strategien und Techniken zu erlernen. Es kann auch hilfreich sein, professionelle Unterstützung in Form von Coaching oder Therapie in Betracht zu ziehen, um Ihre Fähigkeiten in diesen Bereichen weiterzuentwickeln.

Wie man Menschen sofort richtig einschätzt

Die Fähigkeit, Menschen rasch und präzise beurteilen zu können, ist eine wichtige Kompetenz, die sowohl im Privatleben als auch im beruflichen Umfeld erheblichen Nutzen bringt. Sie ermöglicht reibungslose soziale Interaktionen, fördert effiziente Kommunikation, hilft bei der Vermeidung und Lösung von Konflikten und ermöglicht das Aufbauen tiefgehender und bedeutsamer Beziehungen. Der Schlüssel zu diesem Verständnis ist das Bewusstsein, dass jeder Mensch einzigartig ist, geprägt von individuellen Lebenserfahrungen, Werten, Überzeugungen und Persönlichkeitsmerkmalen.

Die Fähigkeit, Menschen sofort korrekt beurteilen zu können, ist kein geheimes Talent, sondern eher eine Fertigkeit, die durch Aufmerksamkeit, Übung und den Einsatz passender Methoden erworben werden kann. Der erste Schritt besteht darin, das Verhalten, die Bedürfnisse und Motivationen anderer Menschen zu erkennen, um auf deren individuelle Persönlichkeit eingehen zu können. Dabei geht es darum, die Feinheiten der menschlichen Natur zu verstehen, sowie um das Erlernen effizienter Interaktionen mit unterschiedlichen Persönlichkeitstypen.

Durch das Verstehen und Anwenden dieser Techniken kann die Fähigkeit, andere Menschen zu verstehen, mit ihnen zu interagieren und positive, effektive Beziehungen aufzubauen, gestärkt werden. Letztendlich fördert es ein tieferes Verständnis der menschlichen Natur und ermöglicht es, Brücken zwischen den scheinbar unüberwindbaren Kluften menschlicher Unterschiede zu bauen. Es öffnet einen Weg zur Entdeckung der vielfältigen Aspekte der menschlichen Interaktion und des Verständnisses.

DAS ERSTE GEFÜHL ZÄHLT

Die Begegnung mit einer neuen Person birgt immer ein gewisses Maß an Mysterium. Es ist ein Tanz der ersten Eindrücke, bei dem der erste Eindruck oft von entscheidender Bedeutung ist. Es ist ein Gefühl, das von den subtilen Nuancen der Körpersprache bis hin zur intuitiven Wahrnehmung reicht. Laut einer Studie, die 2005 in „Psychological Science" veröffentlicht wurde, treffen Menschen innerhalb der ersten Zehntelsekunde nach der Begegnung mit einer neuen Person intuitive Urteile über deren Vertrauenswürdigkeit. Eine grundlegende Komponente in diesem Prozess ist die Erkennung der Einstellung, oder der grundlegenden Haltung, einer Person. Die Einstellung ist ein komplexes Bündel von Verhaltensmustern, Denkweisen und Ansichten, das oft im Unterbewusstsein verankert ist und eine wesentliche Rolle bei der Gestaltung der Interaktionen einer Person spielt.

Um diese intuitive Fähigkeit zu stärken und die Einstellung einer Person genauer zu erfassen, kann folgende Übung hilfreich sein:

Anleitung:

• Vorbereitung
Finden Sie einen ruhigen Ort, an dem Sie ungestört sind. Setzen oder stellen Sie sich bequem hin und schließen Sie die Augen. Atmen Sie ein paar Male tief ein und aus, um Ihren Geist zu beruhigen und sich zu zentrieren.

• Fokussierung
Denken Sie an eine Person, die Sie kürzlich getroffen haben, oder stellen Sie sich eine hypothetische Begegnung vor. Versuchen Sie, sich ein klares Bild von dieser Person zu machen.

• Wahrnehmung
Nehmen Sie die „Aura" (Ausstrahlung) der Person wahr. Wie fühlt sich ihre Anwesenheit an? Gibt es eine bestimmte Energie oder Stimmung, die von ihr ausgeht?

• Analyse
Überlegen Sie, welche Aspekte ihrer Attitüde diese Eindrücke hervorrufen könnten. Ist sie offen oder verschlossen? Dominant oder zurückhaltend? Freundlich oder distanziert?

• Reflexion
Überlegen Sie, wie Ihre ersten Eindrücke Ihre Interaktionen mit dieser Person beeinflussen könnten. Was könnten Sie tun, um eine effektive und positive Kommunikation zu fördern?

Einer der Schlüsselfaktoren, die das Verständnis der Gefühle und Absichten anderer Menschen fördern, ist die Fähigkeit zur Empathie – das Vermögen, sich in die Lage einer anderen Person zu versetzen und deren Emotionen nachzuempfinden. Eine Forschungsarbeit, die 2014 in der renommierten Zeitschrift „Frontiers in Human Neuroscience" veröffentlicht wurde, beleuchtete eine bemerkenswerte Verbindung zwischen der Praxis der Achtsamkeitsmeditation und der Verbesserung dieser empathischen Fähigkeiten.

In dieser Studie wurden sowohl regelmäßige Meditierende als auch Nicht-Meditierende hinsichtlich ihrer Fähigkeit untersucht, emotionale Hinweise in den Gesichtsausdrücken anderer Menschen wahrzunehmen und zu interpretieren. Die Ergebnisse waren eindeutig: Diejenigen, die regelmäßig Achtsamkeitsmeditation praktizierten, schnitten signifikant besser ab.

Aber warum sollte Achtsamkeitsmeditation diese Fähigkeit verbessern? Der Schlüssel liegt in dem, was Achtsamkeit eigentlich ist: eine Praxis, die sich auf das bewusste Wahrnehmen und Akzeptieren der gegenwärtigen Erfahrung konzentriert, ohne zu urteilen oder zu reagieren. Durch das Einnehmen einer neutralen, beobachtenden Haltung ermöglicht Achtsamkeit eine klarere und objektivere Wahrnehmung der Realität. In Bezug auf soziale Interaktionen bedeutet dies, dass Achtsamkeitspraktizierende besser in der Lage sind, emotionale Hinweise bei anderen Menschen zu erkennen und zu verstehen, da sie weniger durch ihre eigenen vorgefassten Meinungen, Emotionen und Urteile abgelenkt sind. Sie können neutral beobachten und dadurch subtile Hinweise in Gestik, Mimik und Stimmlage erkennen, die anderen vielleicht entgehen.

Zudem kann Achtsamkeitsmeditation dazu beitragen, den Bereich des Gehirns zu stärken, der für Empathie und Mitgefühl zuständig ist – den sogenannten insularen Kortex. Eine stärkere Aktivität in diesem Bereich könnte es ermöglichen, die Gefühle anderer Menschen besser zu verstehen und darauf zu reagieren.

Diese Ergebnisse verdeutlichen, wie das regelmäßige Praktizieren von Achtsamkeit dazu beitragen kann, die Fähigkeit zur schnellen und genauen Einschätzung von Menschen zu verbessern. Es handelt sich um eine Fähigkeit, die mit Geduld, Zeit und Übung geschärft werden kann und die dazu beitragen kann, tiefere und sinnvollere Verbindungen zu anderen Menschen aufzubauen.

Diese Fähigkeit, intuitiv das erste Gefühl wahrzunehmen und die Attitüde einer Person zu erkennen, ist ein wesentlicher erster Schritt im Prozess des Verstehens und Einschätzens von Menschen. Mit der Zeit und mit Übung kann dies zu tieferen, authentischeren und effektiveren Interaktionen führen.

INFORMATIONEN BEKOMMEN

Der Umgang mit Idioten erfordert ein gutes Verständnis und die Fähigkeit, zwischen den Zeilen zu lesen. Oftmals kommunizieren solche Personen nicht klar und können uns in die Irre führen. Daher ist die Beachtung von verbalen und nonverbalen Signalen essentiell. Das Sammeln und das Interpretieren dieser Informationen helfen uns, die wahren Absichten und Motivationen dieser Personen zu erkennen und besser auf ihre Handlungen zu reagieren. Dies ermöglicht es uns, Missverständnisse zu vermeiden, vorausschauend zu agieren und die Kontrolle über die Situation zu behalten. Letztendlich dient diese Fähigkeit dem Schutz unserer eigenen geistigen Gesundheit.

Beobachtung als wichtiges Werkzeug

Die Beobachtung ist ein mächtiges Werkzeug, das oft unterschätzt wird. Es handelt sich dabei nicht um einen oberflächlichen Blick oder ein flüchtiges Betrachten; es geht vielmehr um eine bewusste, konzentrierte Aufmerksamkeit auf das, was um uns herum geschieht. Im Kontext der menschlichen Interaktion beinhaltet dies eine genaue Analyse des Verhaltens, der Körpersprache, der Gesichtsausdrücke und sogar des Timings und des Kontexts der Interaktion. Dies macht auch die Identifikation von Idioten leichter.

Beispiel:
Stellen Sie sich zum Beispiel eine Person vor, die Sie auf einer Party treffen. Sie lacht laut, scheint im Mittelpunkt der Aufmerksamkeit zu stehen und fügt sich nahtlos in die Menge ein. Auf den ersten Blick könnte sie leicht als das selbstbewusste und lebenslustige Zentrum der Party interpretiert werden. Aber wenn Sie ein wenig genauer hinsehen, könnten Sie bemerken, dass sie jedes Mal unruhig wird und sich unbehaglich hin und her bewegt, wenn das Gespräch ernster wird. Sie könnte auch immer dann anfangen, lauter zu lachen, wenn es um sie herum still wird – fast so, als ob sie die Stille vermeiden oder übertönen möchte.

Wenn Sie solche Muster bemerken, beginnen Sie, zu erkennen, dass das Bild, das sie präsentiert, nicht ganz mit dem übereinstimmt, was unter der Oberfläche zu geschehen scheint. Vielleicht ist sie nicht so selbstbewusst, wie sie vorgibt, zu sein, oder vielleicht fühlt sie sich unter Druck gesetzt, die „lustige" Person zu sein, obwohl sie es innerlich nicht wirklich ist.

Das sind die Arten von Nuancen und Hinweisen, die die Beobachtung offenbaren kann. Sie erfordern eine bewusste Anstrengung und eine gewisse Sensibilität, um bemerkt zu werden, aber wenn man sie einmal erkennt, können sie eine ganz neue Dimension der Menschenkenntnis eröffnen. So wird die Beobachtung von einer passiven Tätigkeit zu einem aktiven Werkzeug, mit dem wir tiefer graben und die wahre Essenz der Menschen um uns herum verstehen können. In der Interaktion mit anderen Menschen ist das Verständnis ihrer Bedürfnisse und Motivationen ein entscheidender Faktor. Diese tief verwurzelten Antriebe beeinflussen ihr Verhalten, ihre Entscheidungen und ihre

Kommunikation. Eine tiefgehende Kenntnis dieser Elemente hilft dabei, das Verhalten einer Person besser zu verstehen, korrekt zu interpretieren und effektiv darauf zu reagieren. Konkret ermöglicht Ihnen das natürlich auch das Erkennen von Idioten.

Was treibt Menschen an? Die Bedürfnisse und Motivationen

Wenn Sie verstehen, was Menschen antreibt, können Sie idiotisches Verhalten besser nachvollziehen. Dies hilft Ihnen, geschickter mit Idioten umzugehen. Indem Sie ihre Motivationen und Bedürfnisse verstehen, können Sie Konflikten aus dem Weg gehen, empathischer reagieren und effektiver kommunizieren. Dabei können Sie auch Ihre eigenen Grenzen besser schützen. Kurz gesagt: Dieses Wissen gibt Ihnen die Möglichkeit, in einer herausfordernden Situation einen kühlen Kopf zu bewahren und die Kontrolle zu behalten.

Beispiel:
Um dieses Konzept zu verdeutlichen, betrachten wir einen hypothetischen Freund, der eine deutliche Vorliebe für Luxusgüter hat. Er kauft ständig neue Autos, teure Uhren und scheint ein generelles Faible für Luxusgüter zu haben. Es wäre leicht, ihn als materialistisch abzutun und die Analyse dort zu beenden. Doch eine solche oberflächliche Bewertung lässt viele wichtige Aspekte unberücksichtigt.

Wenn Sie ein wenig genauer hinsehen, werden Sie feststellen, dass die Motivationen hinter seinem Kaufverhalten viel komplexer sind, als es auf den ersten Blick scheint. Vielleicht wurde ihm als Kind nie viel Aufmerksamkeit geschenkt und diese scheinbar materialistischen Ziele sind in Wirklichkeit eine tief verwurzelte Sehnsucht nach Anerkennung und Liebe. Die glitzernden Uhren und glänzenden Autos könnten symbolische Mittel sein, um diese Bedürfnisse zu befriedigen – eine Art äußere Bestätigung, die dazu dient, eine innere Leere zu füllen.

In diesem Fall sind es nicht die Luxusgüter selbst, die ihn antreiben. Sie sind vielmehr Symptome oder Ausdrucksformen eines tiefer liegenden Bedürfnisses. Durch das Verständnis dieser zugrunde liegenden Bedürfnisse können Sie ein umfassenderes und präziseres Bild von ihm erhalten – eines, das über das oberflächliche Bild eines „materialistischen" Freundes hinausgeht.

Indem Sie sich die Mühe machen, die Bedürfnisse und Motivationen der Menschen zu verstehen, können Sie ein tieferes Verständnis für ihr Verhalten und ihre Persönlichkeit entwickeln. Dieses Wissen kann Ihnen dabei helfen, effektiver mit ihnen zu interagieren, ihre Handlungen und Entscheidungen besser zu verstehen und letztlich stärkere und bedeutungsvollere Beziehungen aufzubauen.

Körpersprache: Ein Leitfaden für die unausgesprochenen Wahrheiten

Körpersprache ist im Umgang mit Idioten besonders nützlich, da sie Ihnen Einblicke in deren wahre Gefühle und Absichten gibt, die sie vielleicht verbal nicht ausdrücken. Sie kann uns Warnsignale geben, wenn Worte und Körpersprache nicht übereinstimmen – ein Zeichen dafür, dass sie möglicherweise nicht ehrlich sind. Außerdem kann das Verständnis ihrer Körpersprache dazu beitragen, Situationen zu deeskalieren, indem Sie Ihre eigene Körpersprache bewusst einsetzen, um Ruhe und Verständnis zu signalisieren. Kurzum: Die Beherrschung der Körpersprache ist ein mächtiges Werkzeug, um Idioten erfolgreich zu navigieren.

Beispiel:
Stellen Sie sich eine typische Besprechung in Ihrem Arbeitsumfeld vor. Einer Ihrer Mitarbeiter sitzt am Tisch, seine Arme fest verschränkt, sein Blick stur auf die Tischplatte gerichtet, selbst, wenn er spricht. Er behauptet, er sei offen und bereit zur Zusammenarbeit, doch seine Körpersprache scheint eine andere Geschichte zu erzählen.

Das Verstehen der Körpersprache ist auch beim Umgang mit Idioten von entscheidender Bedeutung. Verschränkte Arme und vermiedener Augenkontakt könnten darauf hinweisen, dass der Idiot defensiv, unbehaglich oder sogar desinteressiert ist. Diese Signale können Ihnen helfen, zwischen den Zeilen zu lesen und die wahren Absichten oder Gefühle dieser Person zu entziffern.

Erkennen Sie zum Beispiel das Verschränken der Arme, könnte das ein Zeichen dafür sein, dass der Idiot sich bedroht oder unsicher fühlt. In diesem Fall könnten Sie versuchen, das Gespräch in eine positivere Richtung zu lenken oder Wege zu finden, um die Person sich wohler fühlen zu lassen.

Ähnlich verhält es sich mit dem fehlenden Augenkontakt: Dies könnte ein Hinweis darauf sein, dass die Person nicht ganz ehrlich ist oder Angst hat, sich voll und ganz zu engagieren. In diesem Fall könnten Sie versuchen, Vertrauen aufzubauen und eine offene Kommunikation zu fördern.

Aber Achtung: Die Interpretation von Körpersprache kann je nach Kultur und Individuum variieren und sollte immer im Kontext betrachtet werden. Trotzdem können diese nonverbalen Hinweise uns dabei helfen, Idioten besser zu verstehen und effektiver mit ihnen umzugehen.

Verbalsprache: Die Melodie der Worte und was sie verrät

Die Verbalsprache spielt eine wichtige Rolle, wenn es darum geht, Idioten zu verstehen und zu handhaben. Die Art und Weise, wie sie ihre Worte wählen und ihren Tonfall setzen, sowie das Tempo ihrer Sprache können Aufschluss darüber geben, was sie wirklich denken und fühlen. Beispielsweise kann jemand, der schnell und aggressiv spricht, frustriert oder wütend sein, während jemand, der vage und ausweichend spricht, etwas zu verbergen haben könnte. Diese Nuancen in der Verbalsprache können Ihnen helfen, die wahren Absichten und Emotionen eines Idioten zu identifizieren und angemessen darauf zu reagieren.

Beispiel:
Nehmen Sie als Beispiel einen Kollegen in Ihrer Firma, der immer mit einer sehr monotonen Stimme spricht. Es gibt kaum Variationen in der Tonhöhe oder im Tempo seiner Worte. Auf der Oberfläche scheinen seine Worte neutral, vielleicht sogar sachlich zu sein, aber der Klang seiner Stimme könnte eine verborgene Geschichte enthüllen.

Die Monotonie in der Sprache ist oft ein Hinweis auf Gleichgültigkeit oder Desinteresse. Dies könnte ein Indikator dafür sein, dass Sie es mit einem Idioten zu tun haben, da Idioten oft mangelndes Interesse oder Engagement gegenüber anderen zeigen. Es könnte bedeuten, dass der Kollege sich in der Situation, in der er sich befindet, nicht engagiert fühlt oder dass die Themen, über die er spricht, keine Emotionen in ihm hervorrufen. Aber seien Sie vorsichtig: Nicht jeder, der monoton spricht, ist ein Idiot. Ein Mangel an Variation in der Tonhöhe und im Tempo könnte auch ein Zeichen von Müdigkeit oder Stress sein, was bedeutet, dass der Kollege sich ausgelaugt oder sogar überarbeitet fühlt. Daher ist es wichtig, solche Verhaltensmuster im Kontext zu sehen und andere Anzeichen ebenfalls zu berücksichtigen.

Außerdem kann die Wahl der Worte auf die innere Haltung einer Person hinweisen. Wiederholt negative oder abwertende Begriffe könnten auf eine insgesamt pessimistische Einstellung hinweisen. Im Gegensatz dazu könnte eine übermäßige Verwendung von Verallgemeinerungen oder ungenauen Beschreibungen auf ein Desinteresse an Details oder eine Unfähigkeit zur genauen Wahrnehmung der Realität hinweisen.

Die Verbalsprache wird von vielen Faktoren beeinflusst, dazu zählen auch die Kultur und die persönlichen Gewohnheiten. So ist es immer wichtig, die gesamte Kommunikation einer Person in Betracht zu ziehen, bevor Sie Schlussfolgerungen ziehen. Doch die Kenntnis und das Verständnis der Feinheiten der Verbalsprache können dazu beitragen, eine genauere und tiefere Wahrnehmung der Menschen um Sie herum zu gewinnen.

Erkennen von Dissonanzen: Auf der Suche nach verborgenen Wahrheiten

Dissonanzen in der Kommunikation, das heißt, Widersprüche zwischen dem, was gesagt wird, und den anderen Aspekten der Kommunikation, können oft die versteckten Wahrheiten aufdecken, die unter der Oberfläche lauern. Sie dienen Ihnen somit auch dazu, Idioten zu entlarven. Ob es sich um eine Diskrepanz zwischen Worten und Tonfall, zwischen gesprochenen Behauptungen und Körpersprache oder zwischen dem Ausgesprochenen und dem Unausgesprochenen handelt – das Aufspüren solcher Dissonanzen kann uns dabei helfen, die tatsächlichen Gefühle und Gedanken einer Person besser zu verstehen und mit Idioten besser umzugehen.

Beispiel:
Stellen Sie sich zum Beispiel einen Freund vor, der immer behauptet, in seiner Beziehung sehr glücklich zu sein. Auf den ersten Blick scheint alles in Ordnung zu sein; er spricht positiv über seine Partnerin und behauptet, glücklich zu sein. Aber wenn Sie genauer hinhören und hinschauen, könnten Sie feststellen, dass nicht alles so rosig ist, wie es scheint.

Vielleicht hören Sie, wenn er über seine Partnerin spricht, eine subtile Spur von Frustration in seiner Stimme. Obwohl seine Worte positiv sind, klingt seine Stimme angespannt oder müde. Oder vielleicht bemerken Sie, dass er, wenn das Thema auf seine Partnerin kommt, den Augenkontakt vermeidet oder seine Körperhaltung sich ändert – er wirkt vielleicht angespannt oder unbehaglich.

Diese kleinen Dissonanzen könnten ein Hinweis darauf sein, dass er sich nicht ganz so glücklich fühlt, wie er behauptet. Es könnte sein, dass er in Wirklichkeit unzufrieden ist oder dass es Probleme in der Beziehung gibt, die er nicht anspricht. Es ist nützlich, solche Dissonanzen zu bemerken und zu interpretieren, da sie Ihnen oft einen tieferen Einblick in die Wahrheit der Gefühle und Gedanken einer Person geben können.

SPIEGELN: DIE KUNST DER HARMONISCHEN KOMMUNIKATION

Im Umgang mit Idioten kann der Einsatz bestimmter Kommunikationstechniken einen bedeutenden Unterschied machen. Die Kunst des „Spiegelns" kann insbesondere dabei helfen, eine harmonische Kommunikation herzustellen und somit mögliche Konflikte zu vermeiden oder zu minimieren. Diese Technik kann auch dabei helfen, das Verhalten des Idioten besser zu verstehen und passende Reaktionsmöglichkeiten zu entwickeln.

Eine der grundlegenden Methoden im Bereich des Neurolinguistischen Programmierens (NLP) zur Herstellung eines schnellen Rapports ist das sogenannte Spiegeln.

Exkurs: NLP – Neurolinguistisches Programmieren

Neurolinguistisches Programmieren, häufig abgekürzt als NLP, ist ein Ansatz zur Kommunikation, persönlichen Entwicklung und Psychotherapie, der in den 1970er Jahren von Richard Bandler (geboren 1949) und John Grinder (geboren 1940) in Kalifornien entwickelt wurde. Die Prämisse von NLP ist, dass es eine inhärente Verbindung zwischen den neurologischen Prozessen (Neuro-), der Sprache (linguistisch) und den erlernten Verhaltensmustern oder -programmen (Programmieren) gibt, die wir durch Erfahrung erwerben und die unsere Wahrnehmung der Welt prägen.

Die Grundidee von NLP ist es, Modelle des menschlichen Verhaltens zu erstellen, die darauf abzielen, die individuelle Effektivität zu steigern und zu verbessern. NLP geht davon aus, dass das menschliche Verhalten auf eine Reihe von strukturierten, erlernbaren „Programmen" oder Mustern zurückzuführen ist, die das Individuum verwendet, um auf seine Umwelt zu reagieren.

NLP ist dafür bekannt, eine Reihe von Techniken und Strategien bereitzustellen, die dazu dienen, diese Muster zu verändern, zu verbessern oder zu ersetzen. Dazu gehören Methoden wie „Ankern", „Reframing", „Spiegeln" und „Modellieren", um nur einige zu nennen. Jede dieser Techniken hat das Ziel, Menschen dabei zu helfen, ihre Wahrnehmung der Welt zu verändern und effektiver zu kommunizieren, sowohl mit sich selbst als auch mit anderen.

NLP ist nicht als eine isolierte Wissenschaft, sondern eher als ein Werkzeugkasten von Techniken und Strategien zu verstehen. Es hat Anwendung in einer Vielzahl von Bereichen gefunden, von persönlicher Entwicklung über Coaching bis hin zu Verkauf und Führung. NLP ist im Kern ein pragmatischer Ansatz, der darauf abzielt, das zu tun, was funktioniert, um positive Veränderungen herbeizuführen.

Spiegeln bezeichnet die bewusste oder unbewusste Nachahmung von Verhaltensmustern, Gesten, Körperhaltung, Sprachmustern und emotionalen Zuständen einer anderen Person durch den Kommunikator. Dieser Prozess der Anpassung ist ein zentrales Element in der Interaktion zwischen Menschen und dient dazu, eine tiefere Verbindung und ein besseres Verständnis des Gegenübers zu erzielen.

Die menschliche Tendenz zum Spiegeln ist tief in unserem Wesen verwurzelt. Kinder zum Beispiel lernen durch das Beobachten und Nachahmen von Verhaltensmustern, wie sie sich in der Welt zurechtfinden sollen. Spiegeln kann also als eine intuitive soziale Fähigkeit gesehen werden, die dazu dient, Sympathie zu erzeugen, Rapport aufzubauen und Empathie zu zeigen.

Beim Spiegeln geht es nicht nur um das bloße Kopieren von Gesten oder Bewegungen. Vielmehr ist es eine feinfühlige und respektvolle Art, sich auf die Ebene der anderen Person zu begeben, indem man ihre Körpersprache, ihren Tonfall, ihre Sprechgeschwindigkeit und sogar ihre Atmung aufgreift und reflektiert. Dadurch schafft man eine vertraute und sichere Umgebung, die den anderen dazu ermutigt, offener und authentischer zu sein.

Der Kommunikator, der das Spiegeln bewusst anwendet, kann es als ein leistungsstarkes Werkzeug in der Kommunikation nutzen, um die Bandbreite seiner Wahrnehmung zu erweitern, empathischer zu werden und letztendlich bessere Beziehungen aufzubauen. Das Spiegeln sollte mit Respekt und Einfühlungsvermögen erfolgen und nicht als manipulative Technik verwendet werden. Es ist ein Weg, um auf einer tieferen Ebene mit dem anderen zu interagieren und eine Brücke der Verständigung und des Vertrauens zu bauen.

Das Konzept des Spiegelns im Alltag offenbart eine Welt subtiler, aber dennoch kraftvoller zwischenmenschlicher Interaktionen. Es beginnt oft mit der Nachahmung der physischen Aspekte der Kommunikation einer anderen Person, einschließlich ihrer Körperhaltung, Handbewegungen und Gesichtsausdrücke. Dabei mag es zunächst als oberflächliche Geste erscheinen, aber in Wahrheit erfüllt diese sorgfältige Nachahmung einen tieferen Zweck.

Beispiel:
Zum Beispiel könnte man beobachten, wie die Hände einer anderen Person während eines Gesprächs gestikulieren und diese Bewegungen unbewusst nachahmen. Vielleicht spiegelt man die Weise, wie jemand den Kopf neigt, während er etwas Interessantes erzählt, oder wie die Augenbrauen einer Person hochgehen, wenn sie überrascht ist. Sogar der Rhythmus des Lidschlags kann unbewusst synchronisiert werden, was die Aufmerksamkeit und das Interesse an dem, was die andere Person sagt, signalisiert.

Die physischen Aspekte des Spiegelns sind häufig subtil, entfalten jedoch eine beträchtliche Wirkung auf die Beziehung zwischen den Kommunikationspartnern. Sie wirken wie unsichtbare Verbindungen zwischen Menschen, indem sie ein Gefühl von Vertrautheit und Verständnis schaffen. Sie vermitteln eine Botschaft, die deutlich besagt: „Ich nehme Sie wahr, ich höre Ihnen zu und ich verstehe Ihre Perspektive." Die Praxis des Spiegelns erstreckt sich jedoch weit über die bloße Nachahmung physischer Merkmale hinaus. Sie durchdringt die verbale Sphäre unserer Kommunikation, indem sie Stil, Redewendungen, Tonhöhe und Sprachrhythmus der anderen Person aufgreift. Dies ist ebenso subtil und erfordert genauso viel Aufmerksamkeit und Sensibilität wie das Spiegeln der Körpersprache. Wenn zum Beispiel auf die sprachlichen Eigenheiten einer Person geachtet wird, stellt man möglicherweise fest, dass sie bestimmte Wörter oder Ausdrücke häufig verwendet. Diese Ausdrücke sind oft ein integraler Bestandteil ihrer individuellen Sprache, ein Teil ihres kommunikativen Fingerabdrucks. Durch die Integration dieser Phrasen und Wörter in das eigene Vokabular wird ein zusätzliches Band der Verbundenheit und des Verständnisses geschaffen.

Beim Spiegeln geht es jedoch nicht darum, die andere Person einfach zu imitieren oder sich unauthentisch zu verhalten. Das würde eher Distanz als Nähe schaffen. Stattdessen geht es beim Spiegeln darum, eine Art von harmonischer Resonanz herzustellen, die ein tieferes Verständnis und Empathie ermöglicht.

Dies verlangt ein sensibles Gleichgewicht und eine aufrichtige Bereitschaft, sich mit der Welt der anderen Person auseinanderzusetzen. Es geht darum, ein Echo der anderen Person in sich selbst zu erzeugen, ohne dabei die eigene Identität zu verlieren. Auf diese Weise trägt das Spiegeln dazu bei, ein tieferes Verständnis der inneren Welt des anderen zu entwickeln, was wiederum die Wahrnehmungs- und Verständnisfähigkeit für andere Menschen steigert.

Der Schlüssel zum erfolgreichen Spiegeln liegt in der subtilen Anwendung, die den Respekt für die Individualität der anderen Person bewahrt und gleichzeitig das Bewusstsein für die zwischenmenschliche Dynamik stärkt. Es handelt sich um ein wirksames Werkzeug, das, wenn es behutsam angewendet wird, die Verbindung und das Verständnis zwischen Menschen fördert und vertieft.

Spiegeln – Eine praktische Anleitung

• Beobachten und Verstehen
Das Erste, was Sie tun müssen, ist, die andere Person aufmerksam zu beobachten. Achten Sie auf ihre Körpersprache, Gesten, Gesichtsausdrücke, Sprechgeschwindigkeit, ihren Tonfall und Atemrhythmus. Versuchen Sie, zu verstehen, was diese Hinweise über ihren emotionalen Zustand und ihre Gedanken aussagen.

• Nachahmen, aber nicht kopieren
Beginnen Sie, Aspekte der Körpersprache der anderen Person nachzuahmen. Wenn sie sich beispielsweise nach vorne lehnt, können Sie sich auch etwas nach vorne lehnen. Wenn sie gestikuliert, während sie spricht, könnten Sie auch Ihre Hände benutzen, um Ihre Worte zu betonen. Aber achten Sie darauf, dass Sie nicht bloß kopieren. Es geht nicht darum, jeden einzelnen Zug direkt zu spiegeln, sondern vielmehr darum, eine ähnliche Energie oder ein ähnliches Verhalten anzunehmen.

• Achten Sie auf den Tonfall und die Sprechgeschwindigkeit
Versuchen Sie, den Tonfall und die Sprechgeschwindigkeit der anderen Person zu spiegeln. Wenn sie langsam und ruhig spricht, passen Sie Ihre Sprechgeschwindigkeit und Ihren Tonfall entsprechend an. Wenn sie schnell und enthusiastisch spricht, erhöhen Sie auch Ihr Tempo.

• Benutzen Sie ähnliche Wörter oder Phrasen
Wenn Sie bemerken, dass die andere Person bestimmte Wörter oder Ausdrücke häufig verwendet, versuchen Sie, diese in Ihre eigene Sprache zu integrieren. Dadurch können Sie eine stärkere Verbindung herstellen und zeigen, dass Sie zugehört haben.

• Spiegeln Sie den Atemrhythmus
Eine fortgeschrittene Technik des Spiegelns ist es, den Atemrhythmus der anderen Person zu spiegeln. Wenn Sie bemerken, dass die Person tief und langsam atmet, versuchen Sie, Ihr eigenes Atemmuster anzupassen.

• Respekt und Authentizität
Wichtig ist, dass Sie beim Spiegeln immer respektvoll und authentisch bleiben. Sie sollten nie versuchen, die andere Person zu manipulieren oder sich in einer Weise zu verhalten, die nicht zu Ihnen passt. Das Spiegeln sollte als Werkzeug verwendet werden, um die Kommunikation zu verbessern und eine tiefere Verbindung herzustellen, und nicht als eine Methode zur Manipulation.

• Üben Sie!
Das Spiegeln ist eine Fähigkeit, die durch Übung verbessert werden kann. Beginnen Sie in Alltagssituationen und erweitern Sie Ihre Praxis nach und nach auf komplexere und herausforderndere Kommunikationssituationen. Sie werden feststellen, dass Sie mit der Zeit besser darin werden, die nonverbalen Signale anderer zu erkennen und effektiv darauf zu reagieren.

Denken Sie daran, dass es beim Spiegeln nicht darum geht, die andere Person perfekt zu imitieren, sondern darum, Empathie und Verständnis zu zeigen und eine stärkere Verbindung zu schaffen. Es geht darum, auf die anderen zu achten und ihnen zu zeigen, dass sie gesehen, gehört und verstanden werden.

Matchen – Nicht zu verwechseln mit Tinder!

Nein, wir sprechen hier nicht über flüchtige Online-Bekanntschaften. Matchen ist, in diesem Kontext, eine effektive Kommunikationstechnik, die besonders hilfreich sein kann, wenn es darum geht, Idioten zu handhaben.

Stellen Sie sich vor, Sie winken Ihren Computerbildschirm an. Und winkt er zurück? Vielleicht nicht, aber wenn Sie sich einem Idioten gegenübersehen und die Technik des Matchens anwenden, könnten Sie überrascht sein, wie Ihre Gesten reflektiert werden! Dabei geht es nicht um das Wischen nach rechts oder links auf einer bekannten Dating-App, sondern um ein komplexes Element der nonverbalen Kommunikation, das sowohl das Spiegeln von Verhaltensweisen als auch die Angleichung an das Tempo und die Lautstärke der Sprache einer anderen Person umfassen kann.

Der Clou dabei: Wenn Sie das Verhalten des Idioten matchen, können Sie eine bessere Verbindung herstellen und vielleicht sogar einen Einfluss auf das weitere Verhalten ausüben. Und wer weiß, vielleicht wird der nächste Gesprächsverlauf mit diesem Idioten dann weniger idiotisch sein!

Das Matchen ist das exakte Nachahmen der Bewegungen einer anderen Person, um eine Verbindung oder einen Rapport mit ihr herzustellen. Zum Beispiel könnten Sie, wenn eine Person ihre linke Hand leicht anhebt, dies spiegeln, indem Sie ebenfalls Ihre linke Hand leicht anheben. Das mag auf den ersten Blick plump wirken, aber in Wahrheit ist es eine mächtige Methode, um menschliche Verbindungen herzustellen und zu verstärken.

Exkurs: Rapport – Die geheimnisvolle Kraft der Verbindung

Wenn Sie schon einmal das Gefühl hatten, dass Sie auf einer Wellenlänge mit jemandem sind oder dass ein Gespräch „einfach fließt", dann haben Sie die Erfahrung des Rapports gemacht. Rapport ist das Gefühl der Harmonie, Verbindung und des gegenseitigen Verständnisses, das zwischen zwei Menschen entstehen kann, wenn sie in einer positiven und aufeinander abgestimmten Weise kommunizieren.

Rapport ist ein französisches Wort, das wörtlich „Bericht" bedeutet, und in diesem Kontext bezieht es sich auf die „Erzählung" oder „Geschichte", die zwischen zwei Personen geteilt wird. Es geht darum, eine gemeinsame Sprache zu finden und auf der Basis von gegenseitigem Verständnis und Respekt zu kommunizieren.

In der Praxis zeigt sich Rapport oft in der Art und Weise, wie Menschen miteinander interagieren. Zum Beispiel, wenn sie ähnliche Körperhaltungen einnehmen, den gleichen Sprechton und -rhythmus verwenden oder ähnliche Worte und Redewendungen verwenden. Es ist ein Zeichen dafür, dass sie auf einer tieferen Ebene miteinander „synchronisiert" sind.

Aber Rapport ist mehr als nur eine Angleichung des Verhaltens. Es ist eine emotionale und psychologische Verbindung, die es Menschen ermöglicht, ein tieferes Verständnis und Empathie füreinander zu entwickeln. Es ermöglicht es uns, die Welt aus der Perspektive des anderen zu sehen und so ein besseres Verständnis für seine Gefühle, Gedanken und Motivationen zu erlangen.

Rapport ist ein wichtiger Bestandteil in vielen Bereichen des Lebens, einschließlich Beziehungen, Business, Verhandlungen und Bildung. Es ermöglicht eine effektive Kommunikation und Zusammenarbeit und ist oft der Schlüssel zum Aufbau von Vertrauen und starken zwischenmenschlichen Beziehungen.

Selbst in jungen Jahren lernen wir, das Verhalten anderer Menschen zu matchen, und wir tun dies ganz natürlich. Haben Sie jemals eine Gruppe von Kindern im Gespräch beobachtet? Sie alle sprechen mit der gleichen Geschwindigkeit (normalerweise hektisch) und die Stimmen werden immer lauter, während sie sich gegenseitig angleichen. Sie befinden sich in einem Rapportzustand. Sie haben eine energetische Verbindung zueinander und sie mögen einander.

Im Umgang mit Idioten behalten wir auch als Erwachsene diese unbewussten Fähigkeiten bei – und bei solchen Personen, die wir häufig um uns haben, geraten wir automatisch in einen Rapport mit ihnen. Wir teilen womöglich gemeinsame Erfahrungen, verwenden ähnliche Ausdrücke, zeigen ähnliches Verhalten und matchen sie generell.

Begegnungen mit Idioten können anfänglich eine herausfordernde Kommunikation darstellen. Diese anfängliche Schwierigkeit resultiert aus einer noch fehlenden Verbindung zu ihnen. Dank des NLP-Prozesses zur Etablierung einer solchen Beziehung ist es allerdings möglich, selbst mit solchen Personen einen erfolgreichen Austausch sicherzustellen. Dabei ist eine Strategie die sogenannte Anpassung an das Verhalten der betreffenden Individuen, darunter deren Atemmuster, Sprachwahl, Tonlage und Redetempo, um nur einige Aspekte zu nennen.

Die Technik des Matchens geht weit über das bloße Spiegeln von Bewegungen hinaus. Es geht darum, eine tiefe Verbindung mit einer anderen Person – auch einem Idioten – herzustellen, indem man ihre körperlichen und verbalen Signale liest und entsprechend reagiert. Dies erfordert ein hohes Maß an Achtsamkeit und Einfühlungsvermögen, aber wenn es richtig gemacht wird, kann es die Qualität Ihrer zwischenmenschlichen Beziehungen, auch mit Idioten, erheblich verbessern.

Obwohl es beim Matchen vielleicht so scheint, als ob man sich für jemand anderen verbiegt, ist es tatsächlich eine Übung in Authentizität und Präsenz. Es geht darum, die eigene Verhaltensweise zu ändern, um eine Brücke zu jemandem, ja, auch zu einem Idioten, zu schlagen. Und wenn Sie diese Verbindung einmal hergestellt haben, können Sie tiefer gehen und echte, bedeutungsvolle Gespräche führen – sogar mit Idioten. Es geht darum, auf eine tiefere Ebene der Verbindung zuzugreifen und die Grundlage für Vertrauen und gegenseitiges Verständnis zu schaffen, selbst mit denen, die wir als Idioten betrachten.

Matchen – Eine Praxisanleitung

Bevor wir in die Praxisanleitung für das Matchen einsteigen, soll noch einmal betont werden, dass es wichtig ist, dies mit Respekt und echtem Interesse an der anderen Person zu tun. Es geht nicht darum, jemanden zu imitieren oder zu manipulieren, sondern darum, eine Verbindung aufzubauen und eine tiefere Ebene des Verstehens zu erreichen.

• Beobachten

Zunächst ist es wichtig, die andere Person genau zu beobachten. Achten Sie auf ihre Körperhaltung, Gesten, Gesichtsausdrücke, die Geschwindigkeit und Lautstärke ihrer Sprache, ihren Atemrhythmus und sogar auf die spezifischen Wörter oder Redewendungen, die sie verwendet. Versuchen Sie, zu bemerken, wie diese Aspekte ihre Kommunikation und ihre Ausstrahlung beeinflussen.

• Einstimmen

Beginnen Sie damit, einige der physischen Verhaltensweisen der Person zu spiegeln. Dies könnte bedeuten, Ihre Körperhaltung so anzupassen, dass sie der ihren ähnelt, oder Ihre Handbewegungen und Gesichtsausdrücke an ihre anzupassen. Achten Sie darauf, dies subtil und natürlich zu tun, ohne dass es nachahmend oder unecht wirkt.

• Stimmliche Anpassung

Versuchen Sie, den Tonfall, die Sprechgeschwindigkeit und die Lautstärke der anderen Person anzupassen. Wenn sie zum Beispiel langsam und leise spricht, passen Sie Ihre Sprache entsprechend an. Wenn sie bestimmte Wörter oder Redewendungen häufig verwendet, integrieren Sie diese gelegentlich in Ihre eigenen Aussagen.

• Atemrhythmus angleichen

Eine sehr subtile, aber kraftvolle Methode ist es, den Atemrhythmus der anderen Person zu spiegeln. Wenn Sie bemerken, dass die Person tief und ruhig atmet, versuchen Sie, Ihren eigenen Atem daran anzupassen. Dies kann dazu beitragen, ein Gefühl der Synchronität und Verbindung zu erzeugen.

• Authentizität bewahren

Während Sie all dies tun, ist es wichtig, authentisch zu bleiben. Es geht beim Matchen nicht darum, sich selbst zu verleugnen oder sich komplett zu verändern, sondern darum, eine Brücke der Verbindung und des Verständnisses zu bauen. Bleiben Sie daher immer bei Ihrer eigenen Persönlichkeit und nutzen Sie das Matchen als eine Art, sich der anderen Person anzunähern, anstatt sie einfach nur zu kopieren.

• Üben und Verfeinern

Matchen ist eine Fähigkeit, die mit der Übung verbessert wird. Versuchen Sie also, diese Techniken in verschiedenen Situationen und mit verschiedenen Personen zu üben. Seien Sie geduldig mit sich selbst und denken Sie daran, dass es nicht darum geht, perfekt zu sein, sondern darum, eine tiefere Verbindung und Verständnis zu erreichen.

LEADING – KUNST DES POSITIVEN EINFLUSSES UND DER WIN-WIN-LÖSUNGEN

Im Umgang mit Idioten ist das Konzept des „Leading" besonders relevant. Es gibt ein bekanntes Sprichwort, das da lautet: „Wer führt, muss zuerst gefolgt sein." Diese einfache Aussage offenbart eine tiefe Wahrheit über die zentrale Bedeutung der Führungsrolle in der Kommunikation und Interaktion, sogar mit Idioten. Doch was bedeutet dieses „Leading" genau? Wie können Sie sich diese Fähigkeit zu eigen machen und sie effektiv im Umgang mit Idioten anwenden, um Ihre Kommunikationsfähigkeiten und Beziehungen zu verbessern? Diese Technik zu meistern, ist besonders entscheidend, um konstruktive Interaktionen mit allen Arten von Menschen, einschließlich denen, die wir als Idioten wahrnehmen, zu fördern.

Leading – oder das Führen einer Kommunikation – ist der folgerichtige Schritt, der auf den Aufbau von Rapport folgt.

Leading beschreibt die Fähigkeit, auf der Basis dieses Rapports die Kontrolle über den Dialog zu übernehmen und ihn bewusst in Richtung eines bestimmten Ziels oder Ergebnisses zu lenken.

Beispiel:
Nehmen wir an, Sie haben einen Kollegen, der für sein aufbrausendes und schwieriges Verhalten bekannt ist. Bei Meetings dominiert er oft die Gespräche, lässt andere nicht zu Wort kommen und reagiert aggressiv auf konstruktive Kritik – typisches Idioten-Verhalten.

In solch einer Situation können Sie die Technik des Leading anwenden. Beginnen Sie damit, sein Verhalten zu matchen, indem Sie seinen Tonfall und seine Sprechgeschwindigkeit aufgreifen. Auf diese Weise stellen Sie eine Verbindung her und zeigen, dass Sie auf der gleichen Wellenlänge sind.

Sobald Sie einen Rapport aufgebaut haben, können Sie anfangen, zu „leaden", also zu führen. Ändern Sie allmählich Ihre Tonhöhe, Körpersprache und Sprachgeschwindigkeit hin zu einem ruhigeren und konstruktiveren Stil. Wenn der Kollege den aufgebauten Rapport aufrechterhalten möchte, ist er geneigt, Sie zu spiegeln und sein Verhalten entsprechend anzupassen.

Durch diesen Prozess können Sie positiven Einfluss nehmen und das Idioten-Verhalten in eine produktivere Richtung lenken, was letztlich zu Win-win-Lösungen für alle Beteiligten führt.

Man kann Leading mit dem sanften Druck vergleichen, den man auf das Ruder eines Bootes ausübt, um den Kurs zu ändern und das Boot in eine bestimmte Richtung zu steuern. Dieser sanfte Druck repräsentiert die feinfühlige Steuerung, die Leading erfordert – es geht nicht darum, den anderen zu dominieren oder zu manipulieren, sondern darum, den Kommunikationsfluss so zu lenken, dass alle Beteiligten das gewünschte Ziel erreichen.

Doch Leading ist mehr als nur der bloße Akt der Führung oder Kontrolle. Es ist ein vielschichtiger Prozess, der auf dem Fundament von gegenseitigem Verständnis und Respekt aufbaut. Es beinhaltet das Bestreben, ein positives Ergebnis für alle Beteiligten zu erzielen, nicht nur für sich selbst. Es erfordert Empathie, Flexibilität und die Fähigkeit, aktiv zuzuhören und auf die Bedürfnisse und Reaktionen des anderen zu reagieren.

Leading ist nicht nur auf Kommunikationssituationen anwendbar, sondern kann auch eine entscheidende Rolle beim Umgang mit Idioten spielen – sei es in der Führung von Teams, in der Lösung von Konflikten, in Verhandlungen oder beim Aufbau und Pflegen von Beziehungen. Es ist eine Fähigkeit, die mit Übung und Erfahrung entwickelt und verfeinert werden kann. Einmal gemeistert, kann sie einen erheblichen Einfluss auf Ihre Effektivität und Ihren Erfolg in vielen Bereichen Ihres Lebens haben, insbesondere, wenn Sie regelmäßig mit Idioten umgehen müssen.

Leading setzt ein tiefes Verständnis der anderen Person voraus. Es erfordert eine Fähigkeit, auf die anderen einzugehen, ihre Bedürfnisse, Gefühle und Perspektiven zu erkennen und zu respektieren. Es beinhaltet die Fähigkeit, sich in die Lage der anderen Person zu versetzen und ihre Welt durch ihre Augen zu sehen. Dies erfordert aktives Zuhören, Empathie und Respekt für die individuelle Erfahrung und Perspektive des anderen.

Auf Basis dieses tiefen Verständnisses und der Verbindung, die durch den Rapport entstanden ist, können Sie dann dazu übergehen, Veränderungen vorzuschlagen oder zu initiieren. Das kann bedeuten, eine neue Idee einzuführen, eine alternative Perspektive anzubieten, einen Konflikt zu lösen, ein gemeinsames Ziel zu definieren oder die Person zu unterstützen, ihr Potenzial zu entfalten oder Hindernisse zu überwinden. Leading trägt also dazu bei, Idioten besser händeln zu können. Achten Sie auch darauf, dass diese Vorschläge oder Initiativen im besten Interesse der anderen Person sind und ihren Bedürfnissen und Zielen entsprechen.

Das Win-win-Prinzip
Ein wichtiger Aspekt von Leading, besonders beim Umgang mit Idioten, ist das Win-win-Prinzip.

Dieses Prinzip besagt, dass die effektivste Lösung oder das optimale Ergebnis einer Verhandlung oder Konfliktlösung dasjenige ist, bei dem beide Parteien, einschließlich der sogenannten Idioten, einen Nutzen daraus ziehen und sich als Gewinner betrachten können.

Das Win-win-Prinzip steht im Gegensatz zu Ansätzen, die darauf abzielen, nur den eigenen Nutzen zu maximieren, ohne Rücksicht auf die Interessen und Bedürfnisse der anderen Partei zu nehmen – in diesem Fall der Idioten.

Bei der Anwendung des Win-win-Prinzips im Umgang mit Idioten steht das Ziel im Vordergrund, ein Ergebnis zu erzielen, das sowohl für einen selbst als auch für den Idioten von Vorteil ist. Dies kann bedeuten, einen Kompromiss zu finden oder aber eine kreative Lösung zu suchen, die alle Bedürfnisse erfüllt. Der Schlüssel liegt in der Anerkennung, dass die Zufriedenheit und das Wohl der anderen Partei – hier des Idioten – genauso wichtig sind wie die eigenen.

Positives Denken und ehrliche Kompromisse sind eng mit dem Win-win-Prinzip beim Umgang mit Idioten verbunden. Eine positive Einstellung hilft dabei, offen für Lösungen zu sein, die für alle Parteien vorteilhaft sind. Ehrliche

Kompromisse bedeuten, dass man bereit ist, in einigen Punkten nachzugeben, um in anderen Bereichen Vorteile zu erzielen. Dies kann besonders herausfordernd sein, wenn man mit Idioten zu tun hat, aber letztendlich führt es zu effektiveren und harmonischeren Interaktionen.

Exkurs: Praktische Tipps für positives Denken

Positives Denken ist eine mentale und emotionale Einstellung, die sich auf die gute und positive Seite des Lebens konzentriert und damit ein glücklicheres und gesünderes Leben ermöglicht. Aber wie können Sie positives Denken in Ihren Alltag integrieren? Hier sind einige praktische Tipps:

• Bewusste Selbstreflexion

Die Art und Weise, wie wir denken, beeinflusst unsere Emotionen und unser Verhalten. Nehmen Sie sich Zeit, um Ihre Gedanken und die zugrundeliegenden Überzeugungen zu analysieren. Sind diese negativ? Gibt es Möglichkeiten, diese Gedanken in etwas Positiveres zu verwandeln? Bewusstes Umdenken ist der erste Schritt zum positiven Denken.

• Fördern Sie positives Selbstgespräch

Anstatt sich selbst für Fehler oder Misserfolge zu tadeln, ermutigen Sie sich selbst und erkennen Sie Ihre Stärken und Errungenschaften an. Versuchen Sie, aus jedem Misserfolg eine Lektion zu ziehen und den Fokus auf das zu legen, was Sie aus der Situation gelernt haben.

• Umgeben Sie sich mit positiven Menschen

Der Einfluss von Menschen um uns herum kann unsere Einstellung und unser Denken erheblich beeinflussen. Suchen Sie den Kontakt zu positiven, optimistischen Menschen, die Sie ermutigen und inspirieren.

• Üben Sie Dankbarkeit

Anstatt sich auf das zu konzentrieren, was in Ihrem Leben fehlt, lenken Sie Ihre Aufmerksamkeit auf das, was Sie haben. Halten Sie jeden Tag an und denken Sie an mindestens drei Dinge, für die Sie dankbar sind. Dies hilft, eine positive Perspektive auf Ihr Leben zu gewinnen.

• Setzen Sie sich positive Ziele

Ziele geben uns etwas, worauf wir uns freuen können und auf das wir hinarbeiten können. Stellen Sie sicher, dass Ihre Ziele sowohl herausfordernd als auch realistisch sind, und feiern Sie jeden Fortschritt, den Sie auf dem Weg dorthin machen.

• Bleiben Sie aktiv und gesund

Regelmäßige Bewegung und eine gesunde Ernährung können Ihren Geisteszustand erheblich verbessern und zu einer positiven Denkweise beitragen.

Positives Denken ist keine Fähigkeit, die über Nacht erlernt wird. Es erfordert Zeit, Geduld und Praxis. Aber mit kontinuierlicher Anstrengung können Sie lernen, das Leben aus einer positiveren Perspektive zu betrachten.

Es erfordert eine aufmerksame Präsenz, die sowohl ein aktives Zuhören als auch ein bewusstes Beobachten einschließt. Dabei geht es nicht nur darum, auf die gesprochenen Worte zu achten, sondern auch auf den Kontext, die Körpersprache, den Tonfall und die emotionalen Signale, die der andere sendet.

Zuhören ist hierbei ein essentieller Schlüssel. Um wirklich effektiv zu führen, müssen Sie über die Fähigkeit verfügen, nicht nur auf das zu hören, was gesprochen wird, sondern auch auf das, was unausgesprochen bleibt. Die Kunst besteht darin, zwischen den Zeilen zu lesen und die zugrunde liegenden Bedürfnisse, Wünsche oder Befürchtungen zu erkennen, die möglicherweise nicht direkt ausgedrückt werden. Dies erfordert eine Fähigkeit zur Empathie und zur emotionalen Intelligenz.

Ein weiterer wichtiger Aspekt beim Leading ist das Streben, die Perspektive des anderen zu verstehen. Dies erfordert Offenheit, Flexibilität und eine Haltung der Neugierde. Es bedeutet, vorurteilsfrei zuzuhören und sich in die Lage des anderen zu versetzen, um seine Sichtweise, seine Erfahrungen und sein Weltbild zu verstehen. Es bedeutet auch, Anerkennung und Wertschätzung für die Einzigartigkeit und Individualität des anderen zu zeigen.

Leading im Umgang mit Idioten ist ein dynamischer Prozess, ein Akt des Gebens und Nehmens. Es erfordert besondere Geduld und Respekt für den Prozess und für die andere Person, auch wenn diese als Idiot wahrgenommen wird. Es bedeutet, den Raum und die Zeit zu geben, die benötigt werden, um Vertrauen aufzubauen, Verständnis zu entwickeln und Veränderungen zu ermöglichen. Es bedeutet, flexibel und anpassungsfähig zu sein, auf das Feedback und die Reaktionen des Idioten zu reagieren und den Kurs bei Bedarf zu korrigieren.

Die ultimative Zielsetzung von Leading im Umgang mit Idioten ist es, eine Win-win-Lösung zu finden – eine Lösung, die die Bedürfnisse und Ziele beider Parteien, einschließlich der Person, die als Idiot wahrgenommen wird, berücksichtigt und respektiert. Das erfordert oft Kreativität, Flexibilität und die Bereitschaft, Kompromisse zu schließen. Es bedeutet, den Fokus von der Konfrontation auf die Zusammenarbeit zu verlagern und die Kommunikation in eine positive, konstruktive und befriedigende Richtung zu lenken. Im Kern geht es dabei um die Förderung von Verständnis, Respekt und gegenseitigem Nutzen in der Interaktion, selbst wenn man mit Idioten zu tun hat.

Leading – Eine Praxisanleitung

● **Aufmerksamkeit und Zuhören**

Beginnen Sie jede Interaktion mit voller Aufmerksamkeit. Versuchen Sie, ablenkende Gedanken beiseitezuschieben und sich ganz auf die Person zu konzentrieren, mit der Sie interagieren. Hören Sie aktiv zu, sowohl auf die gesprochenen als auch auf die unausgesprochenen Worte. Beachten Sie Körpersprache, Tonfall und emotionale Hinweise.

● **Empathie und Verständnis**

Versuchen Sie, sich in die Lage der anderen Person zu versetzen. Was sind ihre Bedürfnisse, Wünsche, Ängste oder Sorgen? Welche Perspektive hat sie und wie erlebt sie die Situation? Zeigen Sie Mitgefühl und Verständnis für ihre Gefühle und Erfahrungen.

● **Etablieren Sie Rapport**

Schaffen Sie eine Atmosphäre des Vertrauens und der Sicherheit. Dies könnte durch das Spiegeln der Körpersprache, die Verwendung ähnlicher Ausdrucksweisen oder das Aufzeigen gemeinsamer Interessen geschehen. Das Ziel ist es, eine Verbindung herzustellen und die andere Person dazu zu bringen, sich wohl und verstanden zu fühlen.

● **Führung übernehmen**

Beginnen Sie sanft, die Kommunikation in die gewünschte Richtung zu lenken. Dies könnte durch das Stellen gezielter Fragen, das Anbieten von Lösungen oder das Vorschlagen neuer Perspektiven geschehen. Seien Sie dabei immer respektvoll und achten Sie darauf, dass Sie die Grenzen der anderen Person respektieren.

● **Anpassung und Feedback**

Bleiben Sie flexibel und reagieren Sie auf das Feedback der anderen Person. Wenn sie Widerstand zeigt, passen Sie Ihren Ansatz an und versuchen Sie, ihre Bedenken zu verstehen und zu adressieren. Wenn sie positiv reagiert, setzen Sie fort und vertiefen Sie die Interaktion.

● **Win-win-Lösungen suchen**

Streben Sie immer nach einer Lösung, die die Bedürfnisse und Ziele beider Parteien berücksichtigt. Dies könnte das Finden von Kompromissen, das Brainstorming kreativer Lösungen oder das Umformulieren von Problemen in Möglichkeiten beinhalten. Das Ziel ist es, eine positive, konstruktive und befriedigende Lösung zu erreichen, die für beide Seiten akzeptabel ist.

Denken Sie daran, dass Leading eine Fähigkeit ist, die mit Übung verbessert wird. Seien Sie geduldig mit sich selbst und anderen und betrachten Sie jede Interaktion als eine Chance zum Lernen und Wachsen. Mit Zeit und Praxis werden Sie feststellen, dass Sie effektiver kommunizieren, tiefergehende Beziehungen aufbauen und positivere Ergebnisse in Ihren Interaktionen erzielen können.

Idiots at work

Die Auseinandersetzung mit Idioten im Kontext der Arbeit kann besonders herausfordernd sein – und dies nicht nur aufgrund der offensichtlichen Schwierigkeiten, die diese Personen möglicherweise verursachen. Vielmehr ist es die Vielfalt an menschlichen Faktoren und Interaktionen, die den Umgang mit ihnen zu einer echten Probe für unsere Geduld, unsere Kommunikationsfähigkeiten und unsere Fähigkeit zur Zusammenarbeit machen. Einflüsse wie Neid, Konkurrenz, Machtspiele, Missverständnisse und der allgegenwärtige Erfolgsdruck schaffen ein Umfeld, in dem sich Idioten nicht nur manifestieren, sondern manchmal auch gedeihen können.

Behalten Sie bitte Folgendes dabei stets im Hinterkopf: Idioten sind in der Regel keine böswilligen, irrationalen Kreaturen, sondern oft Menschen, die mit den Herausforderungen und dem Druck ihres eigenen Lebens und ihrer Arbeit kämpfen. Indem Sie dies anerkennen und bereit sind, die menschlichen Faktoren und die Dynamik zu verstehen, die zu problematischem Verhalten führen können, können Sie die Werkzeuge und Strategien entwickeln, die Sie brauchen, um effektiv zu navigieren und zu gedeihen, auch in einem Umfeld, das manchmal von Idioten bevölkert ist.

TEAMDYNAMIKEN VERSTEHEN

Die Dynamik eines Teams, einschließlich der mit Idioten, ist entscheidend für die Leistung und Kultur des Teams. Sie ist ein Barometer für die Teamgesundheit, beeinflusst durch individuelle Handlungen und Interaktionen und wirkt sich direkt auf die Teamarbeit aus.

Unser Fokus liegt auf vier Schlüsseldimensionen: „Innen und Außen", „Führen und Folgen", „Nah und Fern" und „Präsenz — Hier und Jetzt oder nur Jetzt". Jede Dimension stellt wichtige Aspekte von Rollen, Beziehungen und Kommunikationspraktiken dar.

„Innen und Außen" befasst sich mit der Teamzugehörigkeit und deren Einfluss auf die Teamdynamik. „Führen und Folgen" betrachtet Führung und Entscheidungsfindung, speziell in Teams mit Idioten. „Nah und Fern" erforscht Beziehungen zwischen Teammitgliedern und deren Auswirkungen auf Vertrauen und Leistung. „Präsenz — Hier und Jetzt oder nur Jetzt" analysiert die Unterschiede in der Teamdynamik zwischen physisch und virtuell arbeitenden Teams.

Das Erkennen dieser Dimensionen und das Stellen grundlegender Fragen sind essentiell für den Aufbau und die Pflege eines effektiven Teams, unabhängig von der Anwesenheit von Idioten. Teams, die ihre Dynamiken erkennen und darauf reagieren können, sind besser darauf vorbereitet, Herausforderungen zu meistern und erfolgreich zu sein. Diese Themen zu erforschen, ist daher eine kritische Komponente des modernen Teammanagements und eine Investition in die Zukunftsfähigkeit jedes Teams.

Innen und Außen: Wer gehört dazu, wer nicht?

Das Verständnis von Teamdynamiken, selbst in Teams, die Idioten enthalten, beginnt mit der Frage: Wer gehört zum Team, und wer nicht? Diese Unterscheidung – Innen und Außen – kann trotz ihrer scheinbaren Einfachheit weitreichende Auswirkungen auf die Effizienz und Kohäsion eines Teams haben.

Die Definition eines Teams ist oft nicht fest oder statisch und die Zugehörigkeit zu einem Team kann vielfältige Formen annehmen. Dies kann besonders relevant sein, wenn das Team Mitglieder hat, die als Idioten wahrgenommen werden. Ist jeder, der an einem Projekt arbeitet, einschließlich derjenigen, die als schwierig gelten, Teil des Teams? Oder beschränkt sich das „Kernteam" nur auf diejenigen, die direkt und regelmäßig an der Projektarbeit beteiligt sind, und schließt die schwierigeren Mitglieder aus?

Beispiel:
Ein gutes Beispiel ist der „Product Owner" (verantwortlich für das Verstehen der Kundenbedürfnisse sowie für das Festlegen von Anforderungen an ein Produkt) in Arbeitsmethoden wie Scrum (Projektmanagement). Obwohl der Product Owner eng mit dem Team zusammenarbeitet, könnte es sein, dass diese Person von anderen Teammitgliedern als Idiot empfunden wird, insbesondere, wenn ihre Arbeitsmethoden auf Widerstand stoßen oder als problematisch angesehen werden.

Die Beantwortung dieser Fragen erfordert ein tiefes Verständnis der Teamarbeit, Entscheidungsfindung und der Definition von Verantwortung und Autorität. Sie erfordert auch eine klare Kommunikation und ein tiefes, gegenseitiges Verständnis zwischen den Teammitgliedern, einschließlich derer, die als Idioten gelten könnten.

Letztendlich kann die Art und Weise, wie ein Team seine Grenzen definiert und wer als Mitglied betrachtet wird, einen großen Einfluss auf seine Dynamik und Leistungsfähigkeit haben, besonders, wenn das Team Idioten enthält. Es kann ein stärkeres Gefühl der Zugehörigkeit fördern oder Spannungen hervorrufen. Daher ist es entscheidend, diese Fragen zu klären, um effektive Teamdynamiken zu fördern, selbst in Teams, die schwierige Mitglieder haben.

Führen und Folgen: Wer entscheidet über etwas, wenn dies nicht an formalen Positionen hängt?

Die Dynamik und die Führungsverständnisse in Teams, die Idioten enthalten, sind besonders wichtig zu verstehen. In der modernen Arbeitswelt tendieren Strukturen zu weniger Hierarchie und mehr verteilte Verantwortung. Gerade in solchen Umgebungen, in denen das Konzept der verteilten Führung vorherrscht, können traditionelle Führungskonzepte und Machtstrukturen nicht mehr als selbstverständlich betrachtet werden, insbesondere, wenn einige Teammitglieder als schwierig wahrgenommen werden.

In diesen Kontexten ist oft unklar, wer die Führung übernimmt, besonders bei Entscheidungen, die nicht eindeutig zugewiesen sind. Theoretisch könnte jedes Teammitglied, einschließlich der Idioten, die Führung übernehmen. Dies erfordert eine intensive Kommunikation, um sicherzustellen, dass alle auf dem gleichen Stand sind und dass Entscheidungen auf Konsens beruhen.

Ein hohes Maß an Vertrauen unter den Teammitgliedern ist notwendig, auch unter den Mitgliedern, die als schwierig gelten. Jeder muss darauf vertrauen können, dass die anderen im besten Interesse des Teams handeln. Dieses Vertrauen hält die verteilte Führung zusammen. Die Herausforderung der verteilten Führung ist, dass jedes Teammitglied, einschließlich derer, die als Idioten gesehen werden, bereit sein muss, eine Führungsrolle zu übernehmen, wenn dies erforderlich ist. Dies kann zu sich ständig verändernden Machtstrukturen führen, die Konflikte verursachen und die Teamdynamik stören können, wenn sie nicht sorgfältig gehandhabt werden. Daher muss jedes Mitglied nicht nur bereit sein, Führung zu übernehmen, sondern auch, diese Führung wieder abzugeben, wenn die Situation es erfordert – auch diejenigen, die als idiotisch wahrgenommen werden.

Nah und Fern: Wer steht wie zu wem?

Die Untersuchung der Teamdynamik, einschließlich Teams, die Idioten enthalten, führt zur Bedeutung der zwischenmenschlichen Beziehungen, verkörpert im Konzept „Nah und Fern". Dies bezieht sich auf die Art der Verbindungen und Interaktionen, die zwischen den Teammitgliedern bestehen.

Die Frage, wie die Teammitglieder zueinanderstehen, ist entscheidend für die Effektivität und das Wohlbefinden des Teams. Die Art und Weise, wie die Mitglieder interagieren, kann von starken, vertrauensvollen Bindungen bis hin zu lockeren, sporadischen Kontakten reichen. Dies kann von der Art der Arbeit und den Zielen des Teams abhängen.

In bestimmten Kontexten können starke Bindungen, auch unter Idioten, vorteilhaft sein, da sie Kommunikation und Zusammenarbeit erleichtern. Auf der anderen Seite können schwache Verbindungen, möglicherweise zu schwierigen Mitgliedern oder zu externen Parteien, als Brücken dienen und Zugang zu neuen Informationen, Ideen und Ressourcen bieten.

Die genaue Analyse der Kommunikationsschnittstellen innerhalb des Teams und zu externen Parteien, einschließlich derer, die als Idioten wahrgenommen werden, ist entscheidend. Störungen in der Kommunikation können die Effektivität des Teams beeinträchtigen. Es ist daher wichtig, diese zu identifizieren und zu adressieren, um die Beziehungen zu optimieren.

Die Dynamik von „Nah und Fern" ist ein wesentlicher Aspekt der Teamdynamik und sollte von Ihnen berücksichtigt werden, um sicherzustellen, dass ein Team, auch wenn es idiotische Mitglieder enthält, sein volles Potenzial entfalten kann.

Präsenz — Hier und Jetzt oder nur Jetzt

Die Konzepte von „Hier und Jetzt" und „nur Jetzt" sind auch im Umgang mit Idioten von großer Bedeutung. Unabhängig davon, ob Sie eine Person als schwierig betrachten oder nicht, beeinflusst die Art und Weise, wie Sie mit ihr interagieren – ob persönlich oder virtuell – die Dynamik und Effektivität des gesamten Teams.

Im Kontext des „Hier und Jetzt" können persönliche Treffen und direkte Interaktionen helfen, Missverständnisse zu klären, die oft aufkommen, wenn Sie mit jemandem arbeiten, der als schwierig angesehen wird. Die Möglichkeit, nonverbale Hinweise zu lesen und spontane Interaktionen zu haben, kann Ihnen helfen, die Perspektiven und Absichten eines Idioten besser zu verstehen und damit effektiver mit diesem umzugehen.

Andererseits kann die Arbeit im „Nur jetzt"-Modus auch Vorteile im Umgang mit idiotischen Teammitgliedern haben. Die digitale Kommunikation kann dazu beitragen, Emotionen zu kontrollieren und sachlicher zu bleiben, was insbesondere in Konfliktsituationen nützlich sein kann. Außerdem kann die Flexibilität, die diese Arbeitsweise bietet, dazu beitragen, Spannungen zu verringern, indem sie es ermöglicht, Interaktionen besser zu steuern.

Unabhängig davon, ob Sie mit schwierigen Personen in einem „Hier und jetzt"- oder „Nur jetzt"-Kontext arbeiten, sollten Sie darauf achten, ein tiefes Verständnis der Teamdynamik zu haben und Strategien zu entwickeln, um effektiv mit ihnen umzugehen. Dies kann klare Kommunikation, Empathie und die Bereitschaft, ständig zu lernen und sich anzupassen, beinhalten.

Mit diesen Werkzeugen wird es Ihnen möglich sein, auch mit den anspruchsvollsten Teammitgliedern effektiv zu arbeiten und dabei die Leistungsfähigkeit und das Wohlbefinden des gesamten Teams zu gewährleisten.

TEAMDYNAMIKEN NUTZEN UND BEEINFLUSSEN

Die Beziehungsorientierung jedes Teammitglieds spielt auch im Umgang mit Idioten eine entscheidende Rolle. Sie kann das Verständnis für die Dynamiken, die durch diese schwierigen Personen entstehen, vertiefen und bietet gleichzeitig einen Ansatz für den Umgang mit ihnen.

Mitglieder mit hoher Nähe-Orientierung können dazu beitragen, eine positive Atmosphäre aufrechtzuerhalten und den Zusammenhalt des Teams zu stärken, auch wenn Idioten anwesend sind. Ihre Fähigkeit, Kommunikation zu fördern und ein Gefühl der Wertschätzung zu vermitteln, kann helfen, Spannungen abzubauen und Missverständnisse zu klären, die oft im Umgang mit Idioten entstehen. Empathie und Engagement für den Gruppenzusammenhalt tragen dazu bei, dass sich selbst Idioten integriert und wertgeschätzt fühlen, was ihr Verhalten positiv beeinflussen kann.

Auf der anderen Seite sorgen Mitglieder, die eine hohe Orientierung an Distanz aufweisen, für eine objektive Einschätzung bezüglich der Leistung und des Verhaltens von Idioten. Sie stellen einen wichtigen Beitrag für gerechte und faktische Entscheidungsfindung im Umgang mit diesen Individuen dar. Ihre Betonung auf Leistung und Faktizität lenkt den Fokus des Teams weg von persönlichen Differenzen und hin zu gemeinschaftlichen Zielen.

Das Verständnis und die Nutzung der Beziehungsorientierung im Umgang mit Idioten tragen also dazu bei, eine effektive und harmonische Teamdynamik aufrechtzuerhalten. Beides kann helfen, Konflikte zu vermeiden oder zu lösen, die Arbeitszufriedenheit zu verbessern und letztlich die Leistung des gesamten Teams zu steigern. Daher ist die Beziehungsorientierung nicht nur ein theoretisches Konzept, sondern ein praktisches und nützliches Werkzeug für den erfolgreichen Umgang mit der Vielfalt der Persönlichkeiten innerhalb eines Teams.

Beziehungsorientierung: Nähe versus Distanz – Nähe

Die Nähe-Orientierung beim Umgang mit Idioten ist aus diversen Gründen bedeutsam. Zuerst einmal können Sie, falls Sie eine hohe Nähe-Orientierung aufweisen, ein positives und förderliches Arbeitsumfeld kreieren, das sogar für schwierige Charaktere zugänglich ist. Der Fokus auf Harmonie, Kommunikation und Vertrauen klärt Missverständnisse, reduziert Spannungen und begünstigt ein Gemeinschaftsgefühl sowie Zusammenhalt, was das Arbeiten mit problematischen Personen erleichtert.

Weiterhin hilft Ihre Fähigkeit, Vertrauen zu schaffen und positive Beziehungen aufzubauen, dass sich auch Idioten integriert und wertgeschätzt fühlen. Dies kann als Ansporn dienen, ihr Verhalten anzupassen und einen positiven Beitrag zum Teamerfolg zu leisten.

Letztendlich kann die Nähe-Orientierung den Fokus auf die menschliche Seite der Teamarbeit lenken und das Verständnis für die Bedürfnisse und Perspektiven aller Teammitglieder, einschließlich der problematischen, fördern. Die Entscheidungen und Strategien, die dann auf eine Weise getroffen werden, die alle Teammitglieder berücksichtigt, fördern deren Engagement und Zufriedenheit.

Die Nähe-Orientierung im Umgang mit Idioten ermöglicht die Schaffung eines unterstützenden und effektiven Teamumfelds. Sie löst Konflikte, fördert das Verständnis und die Akzeptanz für verschiedene Perspektiven und schafft letztendlich ein Teamumfeld, in dem alle Mitglieder, einschließlich der Idioten, effektiv zusammenarbeiten und zum Teamerfolg beitragen können.

Beziehungsorientierung „Nähe" – Eine Praxisanleitung

• **Fördern Sie eine offene Kommunikation**

Eine offene und transparente Kommunikation ist entscheidend für den Aufbau von Vertrauen und Nähe in einem Team. Teammitglieder sollten dazu ermutigt werden, ihre Meinungen, Bedenken und Ideen frei auszudrücken.

• **Veranstalten Sie regelmäßige Teambesprechungen**

Regelmäßige Treffen bieten eine Plattform für den Austausch von Informationen und Ideen und helfen, ein Gefühl der Verbundenheit unter den Teammitgliedern zu fördern.

• **Setzen Sie auf Teambuilding-Aktivitäten**

Team-Building-Aktivitäten können helfen, persönliche Beziehungen zu stärken und das Gefühl der Zusammengehörigkeit zu fördern.

• **Fördern Sie die Zusammenarbeit**

Stellen Sie sicher, dass die Arbeit in einer Weise organisiert ist, die Zusammenarbeit und gegenseitige Unterstützung fördert.

• **Betonen Sie die Bedeutung des Respekts und der Wertschätzung**

Ein respektvoller und wertschätzender Umgang mit den Kollegen stärkt das Vertrauen und fördert eine positive Arbeitsatmosphäre.

• **Schaffen Sie eine unterstützende Arbeitsumgebung**

Eine unterstützende Arbeitsumgebung, in der sich alle Teammitglieder sicher und wertgeschätzt fühlen, kann dazu beitragen, eine Atmosphäre der Nähe und Zusammengehörigkeit zu fördern.

• **Fördern Sie emotionale Intelligenz**

Emotionale Intelligenz kann dabei helfen, Konflikte zu minimieren, die Kommunikation zu verbessern und die Nähe und Verbindung zwischen Teammitgliedern zu fördern. Bieten Sie gegebenenfalls Schulungen zur Entwicklung von Fähigkeiten in emotionaler Intelligenz an.

• **Pflegen Sie Anerkennung und Feedback**

Etablieren Sie eine Kultur, in der Anerkennung und positives Feedback gegeben und empfangen werden können. Dies fördert das Selbstwertgefühl und die Zugehörigkeit der Teammitglieder.

• **Unterstützen Sie individuelle Bedürfnisse**

Achten Sie darauf, individuelle Bedürfnisse und Unterschiede zu berücksichtigen. Dies kann das Gefühl der Wertschätzung und der Zugehörigkeit fördern und letztlich dazu beitragen, die Nähe im Team zu stärken.

Beziehungsorientierung: Nähe versus Distanz – Distanz

Die Distanzorientierung ist im Umgang mit Idioten aus mehreren Gründen entscheidend.

Erstens bringen distanzorientierte Individuen oft eine notwendige Ausgewogenheit in emotionale oder persönliche Konflikte, die von solchen Personen ausgehen können. Sie fokussieren sich auf sachliche Aspekte und objektive Analysen und tragen so dazu bei, Probleme zu entpersonalisieren und auf konstruktive Lösungen hinzuarbeiten. Persönliche Auseinandersetzungen rücken dadurch in den Hintergrund.

Zweitens unterstützt eine Unabhängigkeitsneigung eine Kultur der Eigenverantwortung und des Respekts vor individuellen Unterschieden im Team. Das schafft eine Atmosphäre, in der alle – inklusive der Idioten – ihre Meinungen äußern und zur Lösungsfindung beitragen, statt lediglich die Standpunkte anderer zu übernehmen.

Drittens fördert die Fähigkeit, kritisch und unabhängig zu denken, eine Vielfalt an Perspektiven und Lösungsansätzen im Team. Damit erhöht sich die Wahrscheinlichkeit, dass auch die Ansichten und Beiträge schwieriger Personen gewürdigt und integriert werden.

Zusammenfassend bringt die Distanzorientierung im Umgang mit Idioten sachliche und konstruktive Lösungsansätze für Probleme, stärkt eine Kultur der Eigenverantwortung und des Respekts und erhöht die Vielfalt im Team. Ihre Fähigkeiten und Herangehensweisen spielen eine wesentliche Rolle, um die Effektivität des Teams zu erhöhen und den Umgang mit schwierigen Personen zu erleichtern.

Es ist daher entscheidend, dass jedes Team ein ausgewogenes Verhältnis zwischen Nähe und Distanz etabliert, um eine gesunde und produktive Dynamik zu fördern. Ein starkes Team braucht empathische Bindeglieder, die das soziale Gefüge des Teams festigen, genauso wie unabhängige Denker, die eine kritische Perspektive einbringen und die Einzigartigkeit und Individualität jedes Teammitglieds schätzen. Nur durch die Anerkennung und Nutzung dieser verschiedenen Beziehungsorientierungen schöpft ein Team sein volles Potenzial aus. Es ist diese synergetische Kombination, die es einem Team ermöglicht, sich an Veränderungen anzupassen, Innovationen voranzutreiben und letztlich herausragende Ergebnisse zu erzielen.

Beziehungsorientierung „Distanz" – Eine Praxisanleitung

• Respektieren Sie individuelle Arbeitsstile

Jedes Teammitglied hat einen einzigartigen Arbeitsstil und einige Mitglieder könnten mehr Unabhängigkeit und Freiraum benötigen. Respektieren und fördern Sie diese Unterschiede, um den Erfolg des Teams zu maximieren.

• Fördern Sie unabhängiges Denken

Ermuntern Sie Teammitglieder dazu, unabhängig zu denken und ihre eigenen Ideen und Perspektiven in die Diskussion einzubringen. Dies kann Innovation fördern und hilft, Gruppendenken zu vermeiden.

• Geben Sie Raum für Einzelarbeit

Während Teamarbeit wichtig ist, benötigen einige Mitglieder auch Zeit und Raum für Einzelarbeit. Stellen Sie sicher, dass es ausreichende Möglichkeiten für individuelle Arbeit gibt.

• Respektieren Sie persönliche Grenzen

Respektieren Sie die persönlichen Grenzen und den Bedarf an Privatsphäre jedes Teammitglieds. Vermeiden Sie es, ständige Verfügbarkeit zu erwarten oder zu verlangen.

• Schaffen Sie einen sicheren Raum für Meinungsverschiedenheiten

Unterschiedliche Meinungen und Ansichten können wertvoll für die Problemlösung und die Entscheidungsfindung im Team sein. Schaffen Sie einen sicheren Raum, in dem unterschiedliche Meinungen respektiert und gehört werden können.

• Setzen Sie auf individuelles Feedback

Stellen Sie sicher, dass Feedback- und Bewertungsprozesse individuell und fair gestaltet sind, um Autonomie und Verantwortung zu fördern.

• Ermutigen Sie zur Selbstentwicklung

Fördern Sie kontinuierliches Lernen und persönliche Entwicklung, um die individuellen Fähigkeiten und Kompetenzen jedes Teammitglieds zu stärken.

• Gestalten Sie flexible Arbeitsmodelle

Flexible Arbeitszeiten und Arbeitsplatzgestaltungen können dazu beitragen, die individuellen Bedürfnisse der Teammitglieder zu berücksichtigen und gleichzeitig die Autonomie und die Zufriedenheit am Arbeitsplatz zu fördern.

• Nutzen Sie die Vorteile der Technologie

Technologie kann dazu beitragen, flexible Arbeitsmöglichkeiten zu unterstützen und gleichzeitig die Zusammenarbeit und Kommunikation im Team zu erleichtern, auch wenn die Teammitglieder räumlich getrennt sind.

Wachstumsorientierung: Stabilität vs. Veränderung – Stabilität

Die Bedeutung von Individuen mit einer Stabilitätsorientierung im Umgang mit Idioten zeigt sich aus verschiedenen Gründen.

Erstens vermitteln Personen mit starkem Stabilitätsstreben ein Gefühl von Vorhersehbarkeit und Ordnung. Das erweist sich als besonders nützlich, wenn man auf Verhaltensweisen trifft, die als störend oder unberechenbar empfunden werden. Die stabilisierende Präsenz dieser Menschen mildert Unsicherheiten und fördert eine effiziente Arbeitsumgebung für alle Teammitglieder, einschließlich der problematischen.

Zweitens bevorzugen diejenigen, die Stabilität hoch schätzen, oft bewährte Verfahren und Routinen. Das ermöglicht die Etablierung klarer Erwartungen und Strukturen, welche die Minimierung von Missverständnissen oder Konflikten begünstigen. Das wirkt sich auch auf den Umgang mit Idioten aus, indem klare Richtlinien für die Zusammenarbeit und das erwartete Verhalten gesetzt werden.

Drittens fördert eine strukturierte und systematische Arbeitsweise die proaktive Identifizierung und Lösung von Problemen oder Konflikten. Solch ein Ansatz erweist sich als besonders hilfreich bei den Herausforderungen, die das Arbeiten mit schwierigen Personen mit sich bringt.

Zusammengefasst stellt die Stabilitätsorientierung eine wertvolle Strategie dar, um den Herausforderungen im Umgang mit Idioten gegenüberzutreten. Sie hilft, Vorhersehbarkeit und Ordnung zu etablieren, klare Erwartungen und Strukturen zu schaffen und Probleme sowie Konflikte proaktiv zu identifizieren und zu lösen.

Wachstumsorientierung „Stabilität" – Eine Praxisanleitung

• Struktur bieten
Sorgen Sie für klare Strukturen und Abläufe, die den Teammitgliedern eine Richtung vorgeben und sie dabei unterstützen, ihre Aufgaben effizient zu erledigen.

• Planung fördern
Ermutigen Sie Teammitglieder dazu, ihre Aufgaben und Projekte gut zu planen. Dies kann dazu beitragen, Überraschungen zu minimieren und die Stabilität des Teams zu gewährleisten.

• Routinen einrichten
Regelmäßige Meetings, feste Pausenzeiten oder wiederkehrende Abläufe können dazu beitragen, ein Gefühl der Stabilität und Vorhersehbarkeit zu schaffen.

• Zuverlässigkeit wertschätzen
Wertschätzen Sie die Zuverlässigkeit und Beständigkeit der Teammitglieder. Diese Qualitäten sind oft entscheidend für den Erfolg des Teams.

• Kontinuierliches Feedback geben
Regelmäßiges Feedback kann dabei helfen, die Stabilität zu fördern, indem es den Teammitgliedern ermöglicht, ihre Leistung zu verstehen und Bereiche für Verbesserungen zu identifizieren.

• Risiken managen
Sorgen Sie für eine gute Risikomanagement-Strategie. Dies kann dazu beitragen, potenzielle Probleme frühzeitig zu erkennen und proaktiv zu handeln, um die Stabilität zu gewährleisten.

• Offene Kommunikation fördern
Eine offene und transparente Kommunikation kann dazu beitragen, Missverständnisse und Konflikte zu vermeiden und ein Gefühl der Stabilität im Team zu schaffen.

• Arbeitsbelastung verwalten
Achten Sie auf die Arbeitsbelastung der einzelnen Teammitglieder und stellen Sie sicher, dass sie nicht überlastet sind. Eine gute Work-Life-Balance kann dazu beitragen, Stress abzubauen und die Stabilität des Teams zu fördern.

• Sicherheitskultur fördern
Schaffen Sie eine Umgebung, in der sich alle Teammitglieder sicher fühlen, ihre Gedanken und Bedenken auszudrücken. Eine solche Kultur kann dazu beitragen, das Engagement und die Zufriedenheit der Mitarbeiter zu erhöhen und die Stabilität des Teams zu stärken.

Wachstumsorientierung: Stabilität vs. Veränderung – Veränderung

Personen mit einer starken Veränderungsorientierung spielen eine entscheidende Rolle, auch im Umgang mit Idioten, da sie verschiedene Vorteile bieten. Erstens ermutigen sie zur ständigen Veränderung und Anpassung an neue Umstände. Dies kann bei der Interaktion mit Idioten besonders nützlich sein, da diese Flexibilität es dem Team ermöglicht, sich an die herausfordernden Verhaltensweisen und Einstellungen dieser Individuen anzupassen.

Zweitens sind Menschen mit einer Veränderungsorientierung oft kreative Problemlöser. Im Umgang mit Idioten können sie neue und innovative Strategien entwickeln, um effektiv mit deren schwierigem Verhalten umzugehen.

Drittens schaffen sie eine Umgebung, die Veränderung und Wachstum fördert. Dies kann helfen, eine Atmosphäre zu schaffen, in der auch Idioten dazu ermutigt werden, ihr Verhalten zu überdenken und sich persönlich und professionell weiterzuentwickeln.

So tragen Personen mit einer hohen Veränderungsorientierung dazu bei, den Umgang mit Idioten zu erleichtern, und können das Team dabei unterstützen, auch in schwierigen Situationen effektiv zu bleiben.

Wachstumsorientierung „Veränderung" – Eine Praxisanleitung

• **Offenheit für Innovation fördern**
Ermutigen Sie Ihr Team, kreativ zu sein und neue Ideen zu entwickeln. Schaffen Sie eine Umgebung, in der Innovation nicht nur akzeptiert, sondern gefördert wird.

• **Fehler als Lernmöglichkeiten sehen**
Schaffen Sie eine Kultur, in der Fehler als Lernmöglichkeiten und nicht als Misserfolge betrachtet werden. Dies kann dazu beitragen, Risikobereitschaft und Experimentierfreude im Team zu fördern.

• **Vision teilen**
Verbreiten Sie eine klare und überzeugende Vision für die Zukunft Ihres Teams oder Ihrer Organisation. Dies kann helfen, Teammitglieder zu motivieren und sie dazu zu bringen, Veränderungen zu akzeptieren und anzustreben.

• **Chancenorientiert denken**
Ermutigen Sie Ihr Team, sich auf die Möglichkeiten zu konzentrieren, die sich aus Veränderungen ergeben, anstatt nur auf die Risiken und Herausforderungen zu schauen.

• **Flexibilität fördern**
Schaffen Sie eine flexible Arbeitsumgebung, die Veränderungen leichter macht. Dies kann flexible Arbeitszeiten, Arbeitsorte oder auch Aufgabenbereiche umfassen.

• **Veränderungen kommunizieren**
Stellen Sie sicher, dass Veränderungen gut kommuniziert werden, sodass alle Teammitglieder verstehen, was passiert und warum es passiert. Dies kann dazu beitragen, Widerstand zu reduzieren und Akzeptanz zu fördern.

• **Beteiligung ermöglichen**
Geben Sie den Teammitgliedern die Möglichkeit, an Veränderungsprozessen mitzuwirken. Dies kann dazu beitragen, das Gefühl der Eigenverantwortung und des Engagements zu stärken.

• **Kontinuierliches Lernen unterstützen**
Fördern Sie ein Umfeld des lebenslangen Lernens, in dem Teammitglieder ermutigt werden, neue Fähigkeiten zu erlernen und ihr Wissen ständig zu erweitern.

• **Belohnen und Anerkennen von Veränderungsbereitschaft**
Zeigen Sie Anerkennung für diejenigen, die Veränderungsbereitschaft zeigen und Innovationen vorantreiben. Eine Kultur der Anerkennung kann dazu beitragen, eine proaktive Einstellung zur Veränderung im gesamten Team zu fördern.

Im Kern jedes effektiven Teams steht die Balance zwischen Stabilität und Veränderung. Stabilität sorgt für die notwendige Struktur und Sicherheit und schafft einen Rahmen von Vertrautheit und Konsistenz, der Teammitgliedern hilft, Aufgaben sicher und effizient zu erfüllen. Sie bietet eine Basis, auf der Routine und Systematik gedeihen können, und dient als Anker inmitten der stürmischen See unvermeidlicher Veränderungen.

Auf der anderen Seite ist Veränderung das dynamische Element, das Wachstum und Innovation antreibt. Sie öffnet den Weg für neue Ideen und Ansätze, stößt auf verborgene Chancen und Herausforderungen und bringt das Potenzial für Fortschritt und Verbesserung. Die Bereitschaft zur Veränderung fördert eine Umgebung des Lernens und der Entwicklung, in der Teammitglieder ermutigt werden, über den Status quo hinaus zu denken und neue Lösungen für alte und neue Probleme zu finden.

Ein ausgewogenes Gleichgewicht zwischen diesen beiden Orientierungen ist entscheidend für den Erfolg von Teams. Übermäßige Betonung der Stabilität führt zu Starrheit und Widerstand gegen Veränderung, was das Wachstum und die Anpassungsfähigkeit des Teams beeinträchtigt. Andererseits führt eine übertriebene Orientierung an Veränderung zu Chaos und Unsicherheit, was die Effizienz und Produktivität des Teams mindert.

Eine ausgewogene Kombination von Stabilität und Veränderung hilft Teams, sowohl effizient zu arbeiten als auch sich an Veränderungen anzupassen. Indem Teams sowohl die Struktur und Sicherheit der Stabilität nutzen als auch die dynamischen Möglichkeiten der Veränderung erkunden, entfalten sie ihr volles Potenzial und maximieren ihre Effektivität und Leistung. Dieser harmonische Ausgleich ist das Geheimnis eines erfolgreich wachsenden und sich entwickelnden Teams.

EIN SICHERES STANDING IM TEAM FINDEN

Selbstbehauptung ist ein wesentlicher Bestandteil erfolgreicher Teamarbeit und spielt auch eine wichtige Rolle im Umgang mit Idioten. Die effektive Selbstbehauptung verbessert das Selbstwertgefühl, fördert Zufriedenheit in Beziehungen und erhöht die Widerstandsfähigkeit gegenüber Stress. Dies ist besonders wichtig im Umgang mit Idioten, da sie oft negative Auswirkungen auf das Team und das Wohlbefinden der einzelnen Mitglieder haben.

Im Kontext von Teams ist das erfolgreiche Einbringen und Durchsetzen von Ideen zentral. Bei Idioten wird dies besonders herausfordernd, da sie oft resistenter gegen neue Ideen sind und möglicherweise die eigenen Beiträge ablehnen oder sabotieren. Hier hilft es, effektive Überzeugungsstrategien zu entwickeln und ein unterstützendes Umfeld zu schaffen, in dem alle Ideen Berücksichtigung finden. Das verhindert, dass brillante Ideen und innovative Vorschläge im metaphorischen „Niemandsland" verschwinden, und hilft dem Team, sein volles Potenzial zu entfalten.

Achten Sie jedoch darauf, eine Balance zu finden, da zu starke Dominanz anderen Teammitgliedern den Raum nehmen und sie zum Rückzug veranlassen könnte, was die Teamdynamik stört. Im Umgang mit Idioten ist dies besonders relevant, da sie auf Dominanz oft mit Widerstand reagieren.

Emotionale Intelligenz, einschließlich Empathie, soziales Bewusstsein und Beziehungsführung, ist hierbei von zentraler Bedeutung. Diese Fähigkeiten ermöglichen es uns, die Perspektiven und Gefühle anderer zu verstehen, auch die von Idioten, und darauf aufbauend effektive Kommunikations- und Überzeugungsstrategien zu entwickeln. Sie helfen auch, die Auswirkungen der eigenen Handlungen auf das Team zu verstehen und angemessene Reaktionen zu planen, was besonders im Umgang mit Idioten von Vorteil ist, da diese oft unvorhersehbar reagieren können. Darüber hinaus fördert die Fähigkeit zur Beziehungsführung eine Atmosphäre des Respekts und der Zusammenarbeit, die es leichter macht, die eigenen Ideen zu präsentieren und Unterstützung dafür zu gewinnen, selbst in einem Umfeld mit Idioten.

Wie überzeugt man andere?

Die Kunst der Überzeugung hat in vielen Lebensbereichen ihren festen Platz, insbesondere in der Teamarbeit. Sie geht über die einfache Präsentation einer brillanten Idee oder eines schlagkräftigen Arguments hinaus. Echte Überzeugungsarbeit erfordert ein tiefes Verständnis und die Berücksichtigung von Aspekten wie Respekt, Anerkennung und Sympathie. Sozialpsychologische und kommunikationswissenschaftliche Studien weisen auf die entscheidende Rolle der Sympathie bei der Überzeugungsarbeit hin – neigen wir doch dazu, uns mit Perspektiven von Personen, die wir sympathisch finden, zu identifizieren. Im Umgang mit Idioten ist daher ein positives, respektvolles Verhältnis von Bedeutung. Eine auf Verständnis und Respekt basierende Behandlung von Idioten ermöglicht eher den Aufbau einer Verbindung und eine effektivere Vermittlung von Argumenten.

Charismatische Personen, die leidenschaftlich und authentisch für ihre Überzeugungen eintreten, haben oft Erfolg. Ein gründliches Durchdenken von Ideen und Zielen, gepaart mit einer überzeugenden Darstellung, erhöht die Wahrscheinlichkeit, dass selbst ein Idiot diese Ideen akzeptiert.

Darüber hinaus zeichnet sich wirkungsvolle Überzeugungsarbeit durch Flexibilität und Anpassungsfähigkeit aus. Die Offenheit für Feedback und die Bereitschaft, die Herangehensweise aufgrund neuer Informationen oder Perspektiven zu ändern, sind auch im Kontext schwieriger Personen nützlich. Eine flexible Anpassung der Kommunikationsstrategie erhöht die Chance, dass ein Idiot die vorgebrachten Argumente akzeptiert.

Zum Schluss gründet die Kunst, andere zu überzeugen, auf einem tiefen Verständnis von menschlichen Dynamiken und Beziehungen. Es erfordert ausgeprägte soziale und emotionale Intelligenz sowie die Bereitschaft, das eigene Handeln an den Bedürfnissen und Perspektiven anderer auszurichten. Sogar wenn diese „anderen" Idioten sind, erhöht der Versuch, den Standpunkt des Idioten zu verstehen und seine Bedürfnisse zu berücksichtigen, die Wirksamkeit der Argumentation und erleichtert das Finden einer gemeinsamen Grundlage.

Gewinnend auftreten

Ein gewinnendes Auftreten bietet nicht nur Vorteile für charismatische Führungspersönlichkeiten, sondern stellt einen entscheidenden Faktor dar, um in Teamumgebungen erfolgreich zu sein und andere für eigene Ideen zu gewinnen – selbst im Umgang mit Idioten.

Ein solches Auftreten geht weit über das bloße Erscheinungsbild hinaus. Authentische und überzeugende Kommunikation, emotionale Intelligenz sowie die Schaffung einer positiven und motivierenden Atmosphäre prägen einen starken ersten Eindruck. Dies legt, auch im Umgang mit Idioten, die Grundlage für weitere Interaktionen und Beziehungen. Eine positive Ausstrahlung und das Vermögen, emotionale Intelligenz zu demonstrieren, helfen dabei, dass selbst ein Idiot aufgeschlossener für Ihre Ideen wird.

Um andere, einschließlich Idioten, für sich und die eigenen Ideen zu gewinnen, gilt es, zu wissen, was man erreichen möchte, und sich dafür einzusetzen. Mit Klarheit und dem Mut, für die eigenen Überzeugungen einzustehen, vertreten Sie selbst in der Interaktion mit Idioten einen starken Standpunkt.

Zentral für ein gewinnendes Auftreten ist die Übernahme von Verantwortung für die eigene Rolle in der Teamdynamik. Nicht nur das Verantwortungsbewusstsein für das eigene Handeln und die eigenen Entscheidungen zählt, sondern auch das Bewusstsein für die eigene Wirkung auf das Team und die proaktive Steuerung derselben. Sogar im Umgang mit Idioten sollte man darauf achten, dass die eigenen Anliegen gehört und ernst genommen werden. Der respektvolle und konstruktive Umgang mit den Anliegen und Rückmeldungen der anderen, auch wenn diese Idioten sind, ist entscheidend, um ihre Unterstützung zu gewinnen.

Ein gewinnendes Auftreten ist somit eine Kombination aus Authentizität, Klarheit, emotionaler Intelligenz, Verantwortungsbewusstsein und Respekt gegenüber anderen. Es verlangt Selbstbewusstsein ebenso wie Einfühlungsvermögen und wirkt sich erheblich darauf aus, wie erfolgreich Sie darin sind, andere, auch Idioten, für sich und Ihre Ideen zu gewinnen.

Zusammenfassung

Ein sicheres Standing im Team zu finden, bedeutet also, sowohl die eigene Position als auch die Positionen der anderen Mitglieder zu verstehen und zu respektieren. Es beinhaltet die klare und überzeugende Kommunikation der eigenen Ideen und die Offenheit für die Ideen und Perspektiven der anderen. Es ist ein Balanceakt zwischen Selbstbehauptung und Teamwork, zwischen persönlicher Vision und kollektiver Zusammenarbeit. Mit der richtigen Haltung und den passenden Fähigkeiten lässt sich diese Balance finden und man wird ein effektiver, geschätzter Teil des Teams.

Überzeugend und gewinnend im Team auftreten – Eine Checkliste

• **Klarheit über Ziele und Ambitionen**
Seien Sie sich klar darüber, was Sie erreichen möchten und warum es wichtig ist.

• **Entwickeln und kommunizieren Sie Ihre Vision**
Ihre Idee sollte klar, verständlich und überzeugend sein.

• **Authentizität demonstrieren**
Seien Sie sich selbst treu und stehen Sie zu Ihren Überzeugungen.

• **Emotionale Intelligenz zeigen**
Nutzen Sie Ihre Fähigkeit, Ihre eigenen und die Gefühle anderer Menschen zu erkennen und angemessen darauf zu reagieren.

• **Offen für Feedback und Veränderung sein**
Hören Sie aktiv zu und seien Sie bereit, Ihre Ansichten zu überdenken, falls nötig.

• **Positive und motivierende Atmosphäre schaffen**
Verbreiten Sie Positivität und Motivation in Ihrer Kommunikation und Ihrem Verhalten.

• **Verantwortung für Ihr Handeln übernehmen**
Zeigen Sie, dass Sie die Konsequenzen Ihrer Handlungen und Entscheidungen anerkennen.

• **Respektvolle Kommunikation pflegen**
Kommunizieren Sie auf eine Weise, die Respekt für die Gefühle und Meinungen anderer Menschen zeigt.

• **Beständigkeit zeigen**
Bleiben Sie auch in schwierigen Zeiten standhaft und behalten Sie Ihren Kurs bei.

• **Bewusstsein für die Wirkung auf das Team haben**
Seien Sie sich der Auswirkungen Ihres Verhaltens auf die Teamdynamik bewusst.

• **Bereit sein, für Ihre Überzeugungen einzustehen**
Zeigen Sie Mut, indem Sie für das einstehen, an das Sie glauben, auch wenn es nicht immer leicht ist.

• **Konstruktiv auf Feedback reagieren**
Zeigen Sie Offenheit für Feedback und die Bereitschaft, aus diesem zu lernen und sich weiterzuentwickeln.

• **Flexibilität zeigen**
Seien Sie bereit, sich anzupassen und Veränderungen zu akzeptieren, wenn dies zum Wohle des Teams oder für die Erreichung der Ziele erforderlich ist.

10 TIPPS FÜR DIE SELBSTBEHAUPTUNG GEGENÜBER IDIOTEN

Definieren Sie Ihre Rolle

Jeder Mensch spielt im Leben verschiedene Rollen. Ob Freund, Kollege, Vorgesetzter oder Teamkollege, jede Rolle hat ein eigenes Statusverhältnis und beeinflusst die Art und Weise, wie wir mit anderen interagieren. Es ist wichtig, sich dieser Rolle bewusst zu sein und die damit verbundenen Erwartungen und Verantwortungen zu verstehen. Wenn Sie Ihre Rolle klar definieren, können Sie besser navigieren und effektiver kommunizieren.

Treten Sie auf Augenhöhe auf

Selbstbehauptung bedeutet nicht, sich über andere zu stellen oder sie zu dominieren. Es geht darum, andere als Gleichgestellte zu behandeln, unabhängig von Ihrer Beziehung. Eine respektvolle und positive Haltung fördert die Zusammenarbeit und hilft dabei, Beziehungen aufzubauen und zu pflegen.

Bereiten Sie Ihre Argumente vor

Kommen Sie zu jeder Diskussion oder Verhandlung mit gut vorbereiteten Argumenten. Diese sollten klar und präzise sein und Ihr Ziel oder Ihren Standpunkt effektiv vermitteln. Die Vorbereitung zeigt Ihre Ernsthaftigkeit und Professionalität und kann Ihnen helfen, Ihr Ziel zu erreichen.

Bleiben Sie respektvoll

Es ist wichtig, stets respektvoll zu reagieren, unabhängig vom Verhalten Ihres Gegenübers. Indem Sie Respekt zeigen, fördern Sie eine positive Umgebung und stärken Ihr Ansehen. Darüber hinaus hilft es Ihnen, fokussiert und ruhig zu bleiben und Ihre Überzeugung und Entschlossenheit zu bewahren.

Fördern Sie das Gefühl der Augenhöhe

Selbstwahrnehmung und Wahrnehmung anderer spielen eine entscheidende Rolle in der Interaktion. Überlegen Sie, wie Sie sich selbst und Ihr Gegenüber sehen. Fühlen Sie sich überlegen, unterlegen oder gleichgestellt? Wichtig ist, sich daran zu erinnern, dass Sie in jeder Situation genauso wichtig sind wie jede andere Person.

Verstehen Sie Ihr Selbstwertgefühl

Eine tiefe Kenntnis Ihrer Stärken und Schwächen kann Ihr Selbstwertgefühl stärken. Erkennen Sie Ihren Wert und nutzen Sie Ihre Stärken, um Ihr Selbstvertrauen zu stärken. Dies wird Ihnen helfen, sich in sozialen Interaktionen sicher zu fühlen und zu handeln.

Üben Sie aktives Zuhören

Gute Kommunikation ist der Schlüssel zur effektiven Selbstbehauptung und aktives Zuhören ist ein wesentlicher Bestandteil davon. Zeigen Sie durch aktives Zuhören, dass Sie die Meinungen und Gefühle anderer wertschätzen. Dies kann dazu beitragen, Vertrauen und Respekt zu fördern.

Setzen Sie klare Grenzen

Machen Sie klar, was Sie akzeptabel finden und was nicht. Die Fähigkeit, klare Grenzen zu setzen, ist ein wichtiger Aspekt der Selbstbehauptung. Sie zeigt anderen, dass Sie Respekt für Ihre eigenen Bedürfnisse und Rechte haben und erwarten, dass diese respektiert werden.

Üben Sie Ihre Körpersprache

Die Art und Weise, wie Sie sich präsentieren, kann eine starke Aussage machen. Eine selbstbewusste Körpersprache kann anderen helfen, Ihre Selbstsicherheit wahrzunehmen und Ihre Botschaft zu verstärken. Achten Sie auf Ihren Augenkontakt, Ihre Haltung und Ihre Gesten, um Ihre Absicht und Ihr Selbstvertrauen zu kommunizieren.

Entwickeln Sie eine positive Einstellung

Eine positive Einstellung kann dazu beitragen, dass Sie bei anderen gut ankommen und Ihre Ziele erreichen. Es kann Ihnen helfen, Herausforderungen zu überwinden, flexibel zu bleiben und sich auf Ihre Stärken und Möglichkeiten zu konzentrieren. Mit einer positiven Einstellung können Sie Ihre Selbstbehauptung stärken und Ihre Erfolgschancen erhöhen.

WIE MAN MIT SCHWIERIGEN CHEFS UMGEHT

Das Navigieren durch die Arbeitswelt stellt bereits eine Herausforderung an sich dar, die im Umgang mit einem schwierigen Vorgesetzten noch entmutigender wirken mag. Dies trifft insbesondere zu, wenn der betreffende Vorgesetzte sich als Idiot erweist. Es ist nicht ungewöhnlich, dass Mitarbeiter mit Vorgesetzten konfrontiert werden, die unvernünftige Erwartungen setzen, mangelnde Wertschätzung zeigen oder in der Kommunikation problematisch sind. Solche Hürden belasten den Arbeitsalltag und beeinträchtigen sowohl die Produktivität als auch das allgemeine Wohlbefinden.

In solchen Situationen gilt es, eine effektive Strategie zu entwickeln, um diesen Herausforderungen zu begegnen, selbst, wenn der schwierige Vorgesetzte ein Idiot ist. Ein proaktiver Ansatz trägt dazu bei, die Arbeitsumgebung zu verbessern, den Stress zu reduzieren und die Zufriedenheit am Arbeitsplatz zu erhöhen, auch im Umgang mit einem idiotischen Chef.

Beachten Sie jedoch, dass jede Situation und jede Person – auch jeder Idiot – einzigartig ist. Daher existiert nicht „die eine" Strategie, die in jedem Fall funktioniert, nicht einmal im Umgang mit Idioten.

Es empfiehlt sich daher, eine Vielzahl von Strategien bereitzuhalten, die Sie je nach Verhalten Ihres Chefs und der Dynamik Ihrer Arbeitsumgebung anwenden. Im Falle eines idiotischen Chefs erfordert dies womöglich eine spezielle Anpassung Ihrer Strategie. Statt einer universellen Lösung bedarf es eher eines Werkzeugkastens voller Techniken, aus dem Sie die passenden Werkzeuge für Ihre spezielle Situation auswählen, einschließlich des Umganges mit Idioten.

Mit diesem Gedanken im Hinterkopf werden Ihnen nun Strategien vorgestellt, die Ihnen dabei helfen, mit schwierigen Vorgesetzten – auch wenn es sich um Idioten handelt – umzugehen.

Demonstrieren Sie Empathie und Verständnis!
Die Arbeitswelt kann turbulent und belastend sein, insbesondere für Führungskräfte, die häufig unter hohem Druck stehen. Dieser Druck kann sich manchmal in Form von Spannungen oder Frustration auf die Mitarbeiter übertragen. Daher ist Empathie ein Schlüsselwert, der Ihnen helfen kann, besser mit Ihrem Vorgesetzten zu interagieren.

Hier sind ein paar konkrete Schritte, die Sie in diesem Zusammenhang unternehmen können:

Erkennen und anerkennen Sie den Stress Ihres Chefs.

Achten Sie auf Zeichen von Stress oder Druck bei Ihrem Chef. Dies können ungewöhnliche Verhaltensweisen, gereizte Reaktionen oder sogar physische Anzeichen wie Erschöpfung oder Verspannungen sein. Indem Sie diese Zeichen erkennen und anerkennen, zeigen Sie Verständnis und Sensibilität für die Situation Ihres Chefs.

Bieten Sie proaktive Unterstützung an.

Wenn Sie sehen, dass Ihr Chef überlastet ist, fragen Sie, ob Sie etwas tun können, um zu helfen. Zum Beispiel könnten Sie sagen: „Ich bemerke, dass Sie gerade besonders beschäftigt sind. Gibt es etwas, das ich tun kann, um Sie zu entlasten?"

Seien Sie flexibel.

Manchmal kann die beste Unterstützung darin bestehen, flexibel und anpassungsfähig zu sein. Vielleicht könnten Sie anbieten, zusätzliche Aufgaben zu übernehmen oder Ihre Arbeitszeit anzupassen, um Ihren Chef zu unterstützen.

Kommunizieren Sie offen.

Sprechen Sie Ihre Beobachtungen und Angebote offen aus. Es ist wichtig, dass Ihr Chef versteht, dass Ihre Absicht darin besteht, Unterstützung zu bieten, und nicht darin, seine Fähigkeiten oder seine Autorität in Frage zu stellen.

Respektieren Sie die Eigenheiten Ihres Chefs!
Jeder Mensch hat seine Eigenarten, Vorlieben und Abneigungen – das gilt auch für Vorgesetzte. Ein Schlüssel zur effektiven Kommunikation und Zusammenarbeit besteht darin, diese Besonderheiten zu erkennen und respektvoll zu behandeln.

Hier sind einige konkrete Schritte, wie Sie das erreichen können:

Beobachten Sie aufmerksam.

Achten Sie auf Verhaltensmuster Ihres Chefs. Diese könnten sich in spezifischen Anforderungen, bevorzugten Arbeitsstilen oder sogar Reaktionsmustern auf bestimmte Situationen äußern. Solche Muster können Ihnen wichtige Hinweise auf die Vorlieben und Abneigungen Ihres Vorgesetzten geben.

Passen Sie Ihr Verhalten an

Wenn Sie bestimmte Präferenzen oder Eigenheiten Ihres Chefs erkannt haben, versuchen Sie, Ihr Verhalten entsprechend anzupassen. Wenn Ihr Chef beispielsweise Wert auf einen ordentlichen Arbeitsplatz legt, sollten Sie sicherstellen, dass Ihr Schreibtisch immer aufgeräumt ist.

Antizipieren Sie Erwartungen.

Versuchen Sie, die Erwartungen Ihres Chefs im Voraus zu antizipieren und diese zu erfüllen. Wenn Ihr Chef beispielsweise als „Mikromanager" gilt und gern jedes Detail überprüft, könnten Sie sicherstellen, dass Sie Ihre Berichte rechtzeitig und in hoher Qualität einreichen. Besser noch: Übergeben Sie die Berichte etwas früher – das zeigt Ihr Engagement und Ihre Zuverlässigkeit.

Kommunizieren Sie Ihre Absichten.

Sollte sich Ihr Chef durch Ihr angepasstes Verhalten bevormundet oder gar manipuliert fühlen, erklären Sie ihm offen und ehrlich Ihre Absichten. Sie möchten ihm nicht zu Kreuze kriechen, sondern durch Ihr Verständnis und Ihre Anpassungsfähigkeit ein besseres Arbeitsumfeld für beide Seiten schaffen.

Nehmen Sie es nicht persönlich!
Im Arbeitskontext sind wir oft emotional involviert, insbesondere, wenn wir mit herausfordernden Situationen konfrontiert sind. Daher ist es entscheidend, dass wir versuchen, die professionelle von der persönlichen Ebene zu trennen. Unter Umständen können der Druck und der Stress, denen Ihr Vorgesetzter ausgesetzt ist, zu schwierigem Verhalten führen, das Sie und Ihre Kollegen belastet. Die Fähigkeit, solche Verhaltensweisen nicht persönlich zu nehmen, ist ein wertvolles Werkzeug, um gelassen zu bleiben und die Situation effektiv zu meistern.

Hier sind einige praktische Schritte, um dies zu erreichen:

Reflektieren Sie die Situation.
Versuchen Sie, einen Schritt zurückzutreten und die Situation aus einer objektiven Perspektive zu betrachten. Ist es möglich, dass Ihr Chef unter erheblichem Druck steht und seine Frustration auf unangebrachte Weise weitergibt?

Trennen Sie die Person von ihrem Verhalten.
Erinnern Sie sich daran, dass das Verhalten einer Person nicht unbedingt ihr wahrer Charakter ist. Oftmals ist schwieriges Verhalten eine Reaktion auf Stress oder Druck und repräsentiert nicht die Person in ihrem Kern.

Praktizieren Sie emotionale Intelligenz.
Emotional intelligente Menschen können ihre Gefühle erkennen und steuern. Wenn Sie sich bewusst machen, dass Sie sich nicht von den Emotionen des Moments mitreißen lassen sollten, können Sie besser auf schwierige Situationen reagieren.

Suchen Sie Unterstützung.
Wenn Sie Schwierigkeiten haben, das Verhalten Ihres Chefs nicht persönlich zu nehmen, können Gespräche mit Kollegen, Freunden oder einem Coach hilfreich sein. Manchmal kann eine andere Perspektive helfen, die Dinge klarer zu sehen und emotionalen Abstand zu gewinnen.

Selbstreflexion
Es ist unerlässlich, gelegentlich einen kritischen Blick auf sich selbst zu werfen und Ihre Rolle in den Arbeitsbeziehungen zu hinterfragen. Könnten bestimmte Verhaltensweisen oder Gewohnheiten von Ihnen wiederholte Reaktionen Ihres Chefs auslösen? Durch eine bewusste Überprüfung und Anpassung Ihres eigenen Verhaltens können Sie aktiv dazu beitragen, ein besseres Arbeitsklima zu schaffen.

Eine intensivere Selbstreflexion könnte in folgenden Schritten erfolgen:

Bewusstsein für das eigene Verhalten

Nehmen Sie sich einen Moment Zeit, um Ihr Verhalten zu reflektieren. Gibt es bestimmte Muster in Ihrem Verhalten, die häufig zu Konflikten oder Missverständnissen führen? Welche Reaktionen lösen Ihre Handlungen bei anderen aus?

Feedback einholen

Fragen Sie vertrauenswürdige Kollegen, Mitarbeiter oder Mentoren um Rückmeldungen zu Ihrem Verhalten. Diese externen Perspektiven können oft dabei helfen, verborgene Muster oder unbewusste Verhaltensweisen aufzudecken.

Persönliche Entwicklung

Identifizieren Sie basierend auf Ihrer Selbstreflexion und dem eingeholten Feedback Bereiche, in denen Sie sich weiterentwickeln können. Setzen Sie sich konkrete Ziele und entwickeln Sie einen Plan, wie Sie diese Ziele erreichen können.

Implementierung und Überprüfung

Setzen Sie Ihre Pläne zur persönlichen Entwicklung in die Tat um und überprüfen Sie regelmäßig Ihre Fortschritte. Es ist wichtig, flexibel zu bleiben und Ihren Plan anzupassen, wenn Sie feststellen, dass bestimmte Strategien nicht so effektiv sind wie erhofft.

Suchen Sie das Gespräch!
Trotz aller Bemühungen könnten bestimmte Probleme bestehen bleiben oder Ihre Anstrengungen könnten vom Chef unbemerkt bleiben. In solchen Fällen ist es ratsam, ein klärendes Gespräch zu suchen. Dabei ist es wichtig, dieses Gespräch sorgfältig zu planen und durchzuführen. Hier sind einige Schritte, die Ihnen dabei helfen können:

Vorbereitung
Nehmen Sie sich Zeit, um Ihre Gedanken und Gefühle zu sortieren. Schreiben Sie auf, was Sie Ihrem Chef sagen möchten, und bereiten Sie konkrete Beispiele vor, um Ihre Punkte zu untermauern. Überlegen Sie sich auch, welche Lösungen Sie vorschlagen können.

Terminvereinbarung
Suchen Sie das Gespräch nicht spontan, sondern bitten Sie Ihren Chef um einen geeigneten Termin. Sie könnten beispielsweise sagen: „Ich würde gern ein paar Dinge mit Ihnen besprechen. Wann wäre Ihnen ein Gespräch recht?"

Gesprächsführung
Bleiben Sie während des Gesprächs ruhig und respektvoll. Nutzen Sie „Ich-Botschaften" anstatt „Du-Botschaften", um zu vermeiden, dass Ihr Chef sich angegriffen fühlt. Zum Beispiel: „Ich fühle mich oft unter Druck, wenn ..." anstelle von „Sie setzen mich immer unter Druck ..."

Klare Kommunikation
Sagen Sie offen, was Sie stört, aber bleiben Sie dabei höflich und respektvoll. Ihr Chef sollte die Ernsthaftigkeit Ihrer Anliegen erkennen. Achten Sie auch darauf, Ihre Worte klar und deutlich zu formulieren, um Missverständnisse zu vermeiden.

Offenheit für Feedback
Seien Sie offen für die Perspektive und das Feedback Ihres Chefs. Es könnte sein, dass er sich Ihrer Anliegen nicht bewusst war oder dass er eine andere Sicht auf die Dinge hat.

Wenn nichts hilft, dann sagen Sie Adieu!

Manchmal, trotz aller Bemühungen und Versuche, die Beziehung zu verbessern, mag sich die Situation einfach nicht ändern. In solchen Fällen ist es wichtig, zu wissen, wann es an der Zeit ist, „Adieu" zu sagen. Eine positive Arbeitsatmosphäre und eine produktive Beziehung zu Ihrem Chef basieren auf gegenseitigem Respekt, Vertrauen und Wertschätzung. Ein fortgesetzt schwieriges Verhältnis kann Ihre Arbeitsleistung und Ihre allgemeine Zufriedenheit ernsthaft beeinträchtigen.

Sehen Sie es nicht als persönliches Versagen, wenn Sie trotz all Ihrer Bemühungen nicht in der Lage sind, das Verhalten Ihres Chefs zu ändern. Manchmal liegen die Probleme tiefer und sind komplexer, als Sie sie als Einzelperson lösen können. Es ist auch möglich, dass die Unternehmenskultur selbst nicht zu Ihren Werten oder Arbeitsstilen passt. Deshalb ist es entscheidend, in solchen Situationen Ihre beruflichen Möglichkeiten abzuwägen und andere Arbeitsmöglichkeiten in Betracht zu ziehen. In der heutigen Zeit ist der Arbeitsmarkt dynamisch und bietet viele Möglichkeiten. Sie könnten neue Fähigkeiten erlernen, in einer anderen Branche arbeiten oder sogar eine neue Rolle in einem anderen Unternehmen einnehmen, das besser zu Ihren beruflichen Zielen und persönlichen Werten passt. Es ist nicht nur eine Chance für einen neuen Anfang, sondern auch eine Gelegenheit, Ihre Karriere aktiv zu gestalten und weiterzuentwickeln.

Der Super-GAU: Narzissten und Psychopathen

Psychopathie und Narzissmus sind Formen von Persönlichkeitsstörungen, die durch antisoziales Verhalten gekennzeichnet sind. Beide Typen können charismatisch und intelligent erscheinen, was ihnen oft ermöglicht, hohe Positionen in Organisationen zu erreichen. Aber obwohl sie auf den ersten Blick ähnlich erscheinen mögen, gibt es wesentliche Unterschiede zwischen Narzissten und Psychopathen.

Ein Psychopath zeigt sich oft empathielos, egozentrisch und überheblich. Oft fehlt ihm die Fähigkeit, gesellschaftliche Verantwortung zu übernehmen. Sein Verhalten zielt darauf ab, seine Umwelt zum eigenen Vorteil zu täuschen und zu manipulieren. In einigen Fällen könnten wir dazu neigen, solche Menschen im allgemeinen Sprachgebrauch als Idioten zu bezeichnen.

Der Narzisst hingegen ist eine Person, die von einem zerbrechlichen Selbstwertgefühl geplagt wird, übertrieben auf Kritik reagiert, vom Drang nach Bewunderung angetrieben wird und eine überzogene Selbst- und Geltungssucht hat. Auch diese Verhaltensweisen können uns dazu verleiten, solche Personen als Idioten zu etikettieren.

Trotz der Ähnlichkeiten in ihrem Mangel an Mitgefühl und ihrem Desinteresse an anderen Menschen gibt es Unterschiede in den Arten, wie diese beiden Persönlichkeitstypen diese Eigenschaften zeigen. Diese Unterscheidung ist wichtig im Umgang mit solchen Persönlichkeiten, denn es erfordert unterschiedliche Strategien, um effektiv mit einem Narzissten im Vergleich zu einem Psychopathen umzugehen.

Diese Unterscheidungsfähigkeit kann besonders hilfreich sein, wenn man in einer Situation gefangen ist, in der man sich ständig mit dem herausfordernden Verhalten solcher Individuen konfrontiert sieht. In solchen Fällen können das Wissen um diese Unterschiede und die Fähigkeit, adäquat zu reagieren, den Umgang mit ihnen erheblich erleichtern – egal, ob wir sie nun Idioten nennen oder nicht.

SPOTTING PSYCHOPATHS – WIE MAN SIE ERKENNT

Zur Erinnerung: Psychopathie, eine spezielle Form der antisozialen Persönlichkeitsstörung, ist ein tiefgreifendes und komplexes psychologisches Phänomen, das noch immer intensiv erforscht wird. Personen, die von dieser Störung betroffen sind, zeigen in der Regel eine Reihe von bemerkenswerten und oft beunruhigenden Verhaltensweisen und Eigenschaften. Sie neigen dazu, einen Mangel an Empathie zu zeigen, sind häufig egozentrisch, zeigen übermäßig arrogante oder überhebliche Charakterzüge und sie manipulieren oft andere Menschen, um ihre eigenen Ziele und Bedürfnisse zu erfüllen.

Laut Mark T. Hofmann, einem der bekanntesten Kriminal- und Geheimdienstanalysten Deutschlands, beträgt die Prävalenz von Psychopathie in der allgemeinen Bevölkerung etwa 1 %. Diese Zahl mag auf den ersten Blick gering erscheinen, aber wenn man bedenkt, dass die Weltbevölkerung bei über 7 Milliarden Menschen liegt, bedeutet das, dass es potenziell Millionen von Psychopathen weltweit gibt.

Ein häufiges Missverständnis, das oft durch Medien und Popkultur vermittelt wird, ist die Vorstellung, dass alle Psychopathen eiskalte Serienmörder oder Gewaltverbrecher sind, wie sie oft in Hollywood-Filmen oder BBC-Dokumentationen dargestellt werden. Während einige Psychopathen tatsächlich zu solch extremen Gewalttaten fähig sind, ist es wichtig, zu bemerken, dass die Mehrheit der Psychopathen nicht gewalttätig ist und nie strafrechtlich verfolgt wird.

Tatsächlich zeigen einige Studien, dass eine überdurchschnittlich hohe Anzahl von Psychopathen auf der höheren Ebene der Unternehmensleiter oder in anderen mächtigen Positionen zu finden sind. Diese individuellen Psychopathen sind oft charismatisch, hochintelligent und fähig, das Vertrauen und die Bewunderung anderer zu gewinnen. Laut Hofmann befinden sich alarmierende 2 bis 6 % von ihnen in den höchsten Führungspositionen. Dies deutet darauf hin, dass einige der Fähigkeiten und Eigenschaften, die Psychopathen auszeichnen, wie Charme, Manipulationsfähigkeit und ein Mangel an Angst oder Reue, ihnen tatsächlich helfen können, in bestimmten Umgebungen erfolgreich zu sein.

Dennoch haben diese „erfolgreichen" Psychopathen oft einen verheerenden Einfluss auf die Menschen und Organisationen, mit denen sie in Kontakt kommen und ihre Handlungen können oft erhebliche menschliche und finanzielle Kosten verursachen. Sie sind bekannt dafür, dass sie Arbeitsplätze in toxische und destruktive Umgebungen verwandeln und ihre Handlungen können oft zu schweren psychologischen Schaden bei ihren Mitarbeitern oder Untergebenen führen. Schlichtweg: Im Alltag verhalten Sie sich gerne einmal „idiotisch".

Im Folgenden werden fünf Hauptmerkmale von Psychopathen beschrieben, die aus insgesamt zwanzig Merkmalen der Psychopathie herausgegriffen wurden. Diese fünf Merkmale sollen eine erste Vorstellung ermöglichen.

Empathiemangel

Empathie – die Fähigkeit, die Emotionen und Erfahrungen anderer zu verstehen und nachzuempfinden – ist eine grundlegende menschliche Eigenschaft, die für soziale Interaktionen unerlässlich ist. Psychopathen fehlt diese grundlegende menschliche Fähigkeit. Obwohl sie oft sehr gut darin sind, menschliche Verhaltensweisen zu lesen und zu imitieren, fehlt ihnen die Fähigkeit, andere zu verstehen oder mitzufühlen. Dies bedeutet, dass sie dazu neigen, sich wenig bis gar nicht um das Leid oder das Wohlergehen anderer zu kümmern, insbesondere, wenn es ihren eigenen Zielen oder Bedürfnissen entgegensteht.

Mangel an Gefühlsregungen

Ein weiteres Hauptmerkmal von Psychopathen ist ein mangelndes Verständnis und ein mangelnder Ausdruck von Gefühlen. Laut Hofmann ist „mit Psychopathen über Gefühle zu sprechen, wie mit Blinden über Farben zu sprechen". Dies deutet darauf hin, dass Psychopathen zwar die Worte und Konzepte, die mit Gefühlen und Emotionen verbunden sind, verstehen können, es ihnen jedoch schwerfällt, diese Emotionen wirklich zu erleben oder zu teilen. Anstatt natürliche emotionale Reaktionen zu haben, müssen Psychopathen Emotionen oft wie Vokabeln lernen, die sie in verschiedenen sozialen Situationen anwenden.

Fehlen eines Gewissens

Das Gewissen, oft als innere Stimme der Moral und Ethik angesehen, hilft den Menschen, zwischen richtig und falsch zu unterscheiden, und veranlasst sie, Reue oder Schuldgefühle zu empfinden, wenn sie gegen diese Werte verstoßen. Psychopathen jedoch haben kein funktionierendes Gewissen auf emotionaler Ebene. Sie können zwar rational verstehen, dass ihr Verhalten gegen soziale, rechtliche oder moralische Normen verstößt, empfinden jedoch keine emotionalen Reaktionen wie Reue, Schuld oder Scham, die normalerweise mit solchen Verstößen verbunden sind.

Manipulatives Verhalten

Psychopathen sind oft höchst manipulativ und verwenden diese Fähigkeit, um ihre eigenen Ziele zu erreichen, oft auf Kosten anderer. Sie neigen dazu, zu lügen, zu täuschen und in verschiedene Rollen zu schlüpfen, um andere auszutricksen. Sie genießen oft das Gefühl der Kontrolle und der Macht, das sie durch die Manipulation anderer Menschen bekommen. Selbst wenn es keinen offensichtlichen Vorteil für sie gibt, können sie manipulieren, nur um das Gefühl der Überlegenheit und Kontrolle zu genießen.

Rastlosigkeit

Viele Psychopathen zeigen eine ausgeprägte Rastlosigkeit und Unzufriedenheit mit dem Status quo. Sie neigen dazu, ständig nach neuen und aufregenden Erfahrungen, Beziehungen oder Zielen zu suchen. Dies führt oft dazu, dass sie häufig zwischen Partnern, Orten oder Jobs wechseln. Sie setzen sich oft hohe und ambitionierte Ziele, aber statt sich auf die Erreichung dieser Ziele zu konzentrieren, sind sie bereits auf der Suche nach dem nächsten großen Projekt oder der nächsten großen Idee. Sie streben ständig nach mehr – mehr Aufregung, mehr Herausforderung, mehr Vielfalt – und sie langweilen sich schnell, wenn sie diese nicht finden.

Hinweis:
Nicht jeder Psychopath weist alle diese Merkmale auf. Nicht jeder, der Merkmale aufweist, ist notwendigerweise ein Psychopath. Die Diagnose einer solchen Persönlichkeitsstörung erfordert eine gründliche Beurteilung durch einen qualifizierten Fachmann.

WORIN SICH PSYCHOPATHEN UND NARZISSTEN UNTERSCHEIDEN

Obwohl sowohl Psychopathen als auch Narzissten in der Regel empathielos, gefühlskalt und selbstbezogen erscheinen, sollte Ihnen Folgendes klar sein: Nicht jeder Narzisst ist ein Psychopath und umgekehrt. Diese beiden Begriffe beziehen sich auf unterschiedliche Arten von Persönlichkeitsstörungen, die ihre eigenen spezifischen Merkmale und Verhaltensweisen haben.

Eine narzisstische Persönlichkeitsstörung ist durch ein zerbrechliches Selbstwertgefühl gekennzeichnet, das oft durch eine übermäßige Reaktion auf Kritik, einen starken Wunsch nach Bewunderung und eine übersteigerte Selbst- und Geltungssucht zum Ausdruck kommt. Diese individuellen Narzissten sind oft übermäßig besorgt um ihr Image und ihren Status und sie neigen dazu, sich selbst in den Mittelpunkt zu stellen und ständig nach Bestätigung und Anerkennung zu suchen.

Interessanterweise wird geschätzt, dass bis zu 15 Prozent der Bevölkerung unter irgendeiner Form von Narzissmus leiden, wobei etwa 80 Prozent davon Männer sind. Dies macht die narzisstische Störung deutlich häufiger als die Psychopathie, die, wie oben erwähnt, etwa 1 Prozent der Bevölkerung betrifft. Doch nicht jeder, der narzisstische oder psychopathische Züge zeigt, ist notwendigerweise als Idiot im traditionellen Sinne zu betrachten. Sie stellen allerdings in vielen Fällen eine Herausforderung im Umgang dar und werden oft als solche wahrgenommen. Obwohl es Unterschiede zwischen Narzissten und Psychopathen gibt, gibt es auch einige gemeinsame Merkmale, die bei beiden Gruppen auftreten können. Beide Gruppen neigen dazu, einen Mangel an Mitgefühl und Interesse an anderen Menschen zu zeigen, und sie sind oft bereit, zu lügen und zu manipulieren, um ihre Ziele zu erreichen. Diese gemeinsamen Merkmale können in einigen Fällen zu Verhaltensweisen führen, die als störend oder idiotisch wahrgenommen werden.

Einer der Hauptunterschiede zwischen Narzissten und Psychopathen, und einer der Gründe, warum sie als Idioten wahrgenommen werden, liegt in ihren Interaktionen und Beziehungen zu anderen Menschen. Während Narzissten oft einen dringenden Wunsch haben, im Rampenlicht zu stehen, sich selbst zu hören und ständig Bestätigung und Anerkennung zu suchen, sind Psychopathen oft bereit, in den Hintergrund zu treten und sich anzupassen, wenn es ihnen nützt. Darüber hinaus sind Psychopathen, im Gegensatz zu Narzissten, in der Regel weniger von den Meinungen und Reaktionen anderer abhängig und haben oft weniger Angst vor Ablehnung oder Kritik. Während ein Narzisst oft zutiefst verletzt oder verärgert ist, wenn er nicht die Bewunderung oder

Anerkennung erhält, die er erwartet, ist ein Psychopath oft in der Lage, solche Rückschläge ohne sichtbare emotionale Reaktion oder Unruhe zu nehmen, was zuweilen als kalt oder idiotisch angesehen werden kann.

Psychopathie und Narzissmus sind zwei unterschiedliche, wenn auch verwandte, Formen von Persönlichkeitsstörungen, die ihre eigenen spezifischen Merkmale und Verhaltensweisen haben. Das Verständnis der Unterschiede und Gemeinsamkeiten zwischen diesen beiden Störungen ist entscheidend für die Diagnose, Behandlung, die Betreuung von Menschen sowie den Umgang mit selbigen, die von diesen Bedingungen betroffen sind. Ein besseres Verständnis dieser Zustände kann helfen, idiotisches Verhalten besser zu verstehen und entsprechend zu reagieren.

WARUM DER UMGANG MIT NARZISSTEN SO PROBLEMATISCH IST

Der Umgang mit Narzissten kann in der Tat problematisch und anspruchsvoll sein. Manche könnten sogar argumentieren, dass Narzissten und Idioten teils ähnliche Verhaltensmuster aufweisen, die den Umgang mit ihnen erschweren. Beide können durch ein Muster von Selbstbezogenheit, Mangel an Rücksicht auf die Gefühle anderer und eine Tendenz zu impulsiven oder gedankenlosen Handlungen gekennzeichnet sein.

Empathiemangel: Eine Hauptursache für Konflikte und Missverständnisse

Die Tatsache, dass Narzissten eine Art kognitive Empathie besitzen – eine Fähigkeit, die Gefühle und Motive anderer auf einer intellektuellen Ebene zu verstehen, ohne sie jedoch wirklich zu teilen –, kann auch bei manchen Individuen auftreten, die als Idioten betrachtet werden. In beiden Fällen kann diese Fähigkeit genutzt werden, um andere zu manipulieren und die eigenen Ziele zu erreichen, oft ohne Rücksicht auf die Auswirkungen auf andere.

Warum ist das auch im Umgang mit Idioten wichtig? Weil ein Verständnis dieser Muster Sie in die Lage versetzt, besser auf diese Verhaltensweisen zu reagieren. Genau wie bei Narzissten kann der Umgang mit einem Idioten herausfordernd sein und erfordert oft eine bewusste Anstrengung, um effektive Kommunikations- und Bewältigungsstrategien zu entwickeln. Es kann auch notwendig sein, Grenzen zu setzen, um die eigenen Interessen zu schützen.

Was nützt das im Umgang mit Idioten? Es kann helfen, Konflikte zu minimieren, Ihr eigenes Wohlbefinden zu schützen und letztendlich effektiver in der Interaktion mit diesen Individuen zu sein. Indem Sie die Dynamiken, die diese

Verhaltensweisen antreiben, besser verstehen, können Sie besser auf sie reagieren und Strategien entwickeln, um die Auswirkungen auf Ihr Leben zu begrenzen.

Der Mangel an emotionaler Empathie, der bei Narzissten so vorherrschend ist, kann auch bei Idioten auftreten und ebenso zu Herausforderungen in der Kommunikation und Interaktion führen. Ein Verständnis dieser Dynamik kann Ihnen dabei helfen, Ihre Erwartungen zu steuern und effektive Strategien für den Umgang mit solchen Individuen zu entwickeln.

Nicht jeder, der als Idiot betrachtet wird, hat gezwungenermaßen eine narzisstische Persönlichkeitsstörung. Dennoch können die Herausforderungen und Strategien, die beim Umgang mit Narzissten relevant sind, auch auf den Umgang mit Idioten anwendbar sein. Ein fundiertes Verständnis dieser Dynamiken kann es uns ermöglichen, besser auf solche Personen zu reagieren und die Auswirkungen ihres Verhaltens auf unser Leben zu begrenzen.

Unstetigkeit und Entmenschlichung

Im Umgang mit Idioten gewinnen auch Aspekte der Unstetigkeit und Entmenschlichung, die in Bezug auf Narzissten diskutiert wurden, an Bedeutung.

Die Unstetigkeit, die Narzissten oft in ihren Beziehungen zu anderen zeigen, manifestiert sich ebenso in der Interaktion mit Menschen, die als Idioten betrachtet werden. Diese Personen erleben oft Schwierigkeiten beim Aufrechterhalten stabiler, konsistenter Beziehungen und weisen ähnliche Muster von Unzuverlässigkeit und Unberechenbarkeit auf. Sie neigen dazu, andere aus den Augen zu verlieren, sobald diese nicht mehr im unmittelbaren Blickfeld sind. Diese Instabilität führt zu Verwirrung und Frustration bei denen, die versuchen, mit ihnen zu interagieren oder eine Beziehung zu ihnen aufzubauen. Die Tendenz von Narzissten, andere Menschen zu entmenschlichen und sie entweder zu idealisieren oder abzuwerten, zeigt sich ebenfalls bei Personen, die als Idioten wahrgenommen werden. Sie haben Schwierigkeiten, die Komplexität anderer Menschen zu erkennen und zu akzeptieren, und weisen ähnliche Muster von Schwarz-Weiß-Denken auf. Sie neigen dazu, andere schnell zu bewerten und zu verurteilen, ohne Rücksicht auf deren Gefühle oder die Komplexität ihrer Situation.

Diese Muster stellen erhebliche Herausforderungen sowohl in der Interaktion mit Narzissten als auch mit Idioten dar. Daher gilt es, diese Dynamiken zu erkennen und effektive Strategien für den Umgang mit ihnen zu entwickeln. Dazu gehören die Setzung von klaren Grenzen, das Schaffen von emotionaler Distanz und der Aufbau von Unterstützungssystemen. In einigen Fällen erweist sich die Inanspruchnahme professioneller Hilfe als notwendig, um mit den Auswirkungen dieser Verhaltensmuster umzugehen.

Die Parallelen zwischen dem Umgang mit Narzissten und Idioten unterstreichen die Bedeutung von Empathie, Verständnis und effektiver Kommunikation in allen sozialen Interaktionen. Indem Sie sich der Herausforderungen bewusst sind, die diese Verhaltensmuster mit sich bringen, und lernen, effektiv auf sie zu reagieren, begrenzen Sie die negativen Auswirkungen auf Ihr eigenes Wohlbefinden und bauen gesündere Beziehungen auf.

Die Schwarz-Weiß-Welt des Narzissten

Die Schwierigkeiten, die Narzissten im Umgang mit anderen Menschen haben, können durch ein Phänomen, das als „Splitting" bekannt ist, noch verschärft werden.

Splitting ist ein psychologischer Mechanismus, der sich durch eine stark polarisierte Wahrnehmung von einem selbst und anderen äußert.

Diese Eigenschaften, die bei Narzissten zu finden sind, treten auch in der Interaktion mit Idioten auf. Die Beziehung zu solchen Individuen ist ebenso herausfordernd, da diese ähnliche Neigungen zur Dichotomisierung und Polarität aufweisen.

Im Falle von Idioten ist die Weltanschauung oft von extremen Gegensätzen geprägt. Sie neigen dazu, alles als entweder „richtig" oder „falsch", „gut" oder „schlecht" zu sehen, ohne Grauzonen zu akzeptieren. Dies schränkt ihre Fähigkeit, Kompromisse einzugehen oder eine ausgewogene Perspektive einzunehmen, erheblich ein und erschwert die Kommunikation mit ihnen.

Dieses Schwarz-Weiß-Denken führt dazu, dass Idioten Schwierigkeiten haben, mit Ambivalenz oder Unsicherheit umzugehen. Sie neigen dazu, andere entweder zu idealisieren oder zu dämonisieren, ohne dazwischenliegende Stufen anzuerkennen. Eine Person, die einmal Zustimmung oder Bewunderung gewonnen hat, wird plötzlich und unerwartet abgewertet und kritisiert, wenn sie einen Fehler macht oder die Erwartungen des „Idioten" nicht erfüllt.

Die Kategorisierung von Menschen in vereinfachte und starre Kategorien ist ebenfalls ein Merkmal von Idioten. Sie neigen dazu, Menschen schnell in Kategorien wie „Freund" oder „Feind" einzuteilen und haben Schwierigkeiten, ihre Meinungen zu ändern, sobald sie einmal gebildet wurden.

Der Umgang mit Idioten ist wie bei Narzissten äußerst herausfordernd und stellt eine erhebliche emotionale Belastung dar. Es bedarf Geduld, Verständnis und emotionaler Stärke, um diese Turbulenzen zu navigieren und effektiv mit den Extremen und Unvorhersehbarkeiten im Verhalten dieser Personen umzugehen. Das Verständnis dieser Dynamiken und das Erlernen effektiver Strategien zum Umgang mit ihnen tragen dazu bei, den Stress und die Belastung, die durch den Umgang mit solchen Personen entstehen, zu minimieren.

Shape-Shifting: Anpassung als Überlebensstrategie

Diese Anpassungsfähigkeit an verschiedene Situationen, bei der das Verhalten und die Persönlichkeit geändert wird, ist nicht nur Narzissten eigen. Auch Idioten zeigen oft dieses „chamäleonartige" Verhalten. In bestimmten Situationen ändern sie ihre Persönlichkeit, Verhaltensweisen und sogar ihre Meinungen, um ihre Bedürfnisse und Ziele besser zu erfüllen.

Im Kontext dieser Anpassungsfähigkeit übernimmt der Idiot verschiedene Rollen oder zeigt unterschiedliche Charaktereigenschaften, abhängig von den Erwartungen oder Bedürfnissen der Situation oder der Personen, mit denen er interagiert. Dies führt oft dazu, dass er als inkonsistent oder unberechenbar wahrgenommen wird.

Eng verbunden mit dem Konzept des „falschen Selbst" konstruiert und präsentiert der Idiot ein Selbstbild, das er für akzeptabler, attraktiver oder vorteilhafter hält. Dieses falsche Selbst dient dazu, Akzeptanz, Bewunderung oder Kontrolle zu erlangen, oder funktioniert als eine Art Schutzmechanismus, um sein wahres Selbst oder seine wahren Gefühle zu verbergen.

Diese Fähigkeit zum ständigen Wechseln sowohl der Rolle als auch der Persönlichkeit ist sowohl für den Idioten selbst als auch für die Menschen in seiner Umgebung problematisch. Für den Idioten ist das ständige Wechseln zwischen verschiedenen Identitäten anstrengend und verwirrend und kann sein Selbstbild oder sein Selbstwertgefühl beeinträchtigen. Für die Menschen um ihn herum führt dieses Verhalten zu Unsicherheit und Verwirrung und erschwert den Aufbau einer stabilen und vertrauensvollen Beziehung.

Antagonismus: Die innere Spannung und der Konflikt

Antagonismus prägt Idioten, ähnlich wie Narzissten. Eine innere Zerrissenheit entsteht durch die Kluft zwischen äußerer Darstellung und innerem Wesen. Eventuell stellen sie ein verfälschtes Selbst zur Schau, streben Akzeptanz, Bewunderung oder Kontrolle an und verbergen oder leugnen ihr inneres „wahres Selbst".

Die ständige innere Unruhe und der Druck, dieses verfälschte Selbst aufrechtzuerhalten, provozieren Wutausbrüche und aggressives Verhalten. Bedrohen Kritik, Ablehnung oder Misserfolg das verfälschte Selbst, reagiert der Idiot mit starken emotionalen Ausbrüchen.

Diese „idiotische Wut", ausgelöst durch die Bedrohung des Selbstbildes, erweist sich oft als ebenso intensiv und unkontrollierbar wie die „narzisstische Wut". Heftige Wutausbrüche, aggressives Verhalten, emotionale Manipulation und andere destruktive Verhaltensweisen sind mögliche Ausdrucksformen. Dieses Verhalten deutet darauf hin, dass der Idiot mit der Realität seines inneren Selbst konfrontiert wird und verzweifelt versucht, seine Illusion aufrechtzuerhalten.

Antagonismus belastet und destabilisiert Idioten genauso wie Narzissten und bereitet auch den Menschen in ihrer Umgebung Probleme, die oft das Ziel ihrer Wut und Aggression werden. Daher verdient diese Dynamik Verständnis, um solche Verhaltensweisen zu handhaben und potenziell schädliche Situationen zu vermeiden oder zu entschärfen.

Co-Abhängigkeit: Das fortwährende Verlangen nach Validierung und Anerkennung

Co-Abhängigkeit prägt das Verhalten von Idioten entscheidend. Eine hohe Abhängigkeit von externer Bestätigung belastet sie und beeinflusst die Qualität ihrer Beziehungen nachhaltig.

Idioten suchen ununterbrochen nach Anerkennung, Bewunderung und Lob von anderen, um das Bild des verfälschten Selbst zu unterstützen und sich bestätigt und wertgeschätzt zu fühlen. Dabei entwickeln sie ein Suchtverhalten, bei dem sie unaufhörlich nach externer Bestätigung suchen.

Diese Abhängigkeit erweist sich als zweischneidiges Schwert. Sie stärkt und bestätigt das verfälschte Selbst des Idioten, macht ihn aber gleichzeitig extrem abhängig von den Reaktionen und Meinungen anderer. Fehlt die ständige Bestätigung, fühlen sie sich unsicher und entwurzelt. Das führt zu Angst, Unsicherheit und Konflikten.

Diese co-abhängige Dynamik bereitet sowohl den Idioten als auch den Menschen in seiner Umgebung Probleme. Für den Idioten entsteht ein endloses Verlangen nach Anerkennung und Lob, das nie wirklich erfüllt wird, weil es auf einem künstlichen Selbstbild basiert. Die Menschen in seiner Umgebung können erschöpft, frustriert und resigniert reagieren, da sie ständig die Bedürfnisse und Erwartungen des Idioten erfüllen müssen.

DIE PHASEN DER MANIPULATION

Beziehungen mit Idioten sind oft ebenso komplex und schwierig zu navigieren. Es ist hilfreich, die spezifischen Muster zu verstehen, die diese Beziehungen oft kennzeichnen, insbesondere die verschiedenen Phasen der Manipulation, die Idioten nutzen können, um Kontrolle und Macht auszuüben. Gewöhnlich durchläuft eine Beziehung mit einem Idioten vier charakteristische Phasen: die Idealisierungsphase, die Devaluierungsphase, die Verwerfungsphase und die Hoovering-Phase.

Idealisierungsphase: Eine Hochglanz-Fassade

Die Anfangsphase einer Beziehung mit einem Idioten ähnelt oft der Idealisierungsphase in der Beziehung mit einem Narzissten. In dieser Phase wird der Idiot seinem Partner gegenüber außerordentlich charmant, aufmerksam und liebevoll sein. Er wird seinen Partner oft als perfekt betrachten und ihn mit Lob und Bewunderung überschütten. Diese Überhöhung kann für den Partner sehr betörend sein und ihm das Gefühl geben, in einer einzigartigen und außergewöhnlichen Beziehung zu sein. Der Zweck dieser Phase ist es, das Vertrauen des Partners zu gewinnen und eine starke emotionale Bindung zu erzeugen.

Devaluierungsphase: Untergrabung des Selbstwertgefühls

Nachdem die Bindung gefestigt und das Vertrauen gewonnen ist, beginnt häufig die Devaluierungsphase. In dieser Phase beginnt der Narzisst, seinen Partner zu entwerten, indem er ihn kritisiert, verhöhnt und oft subtil untergräbt. Diese Kritik kann sehr subtil und oft schwer zu erkennen sein, z. B. durch abfällige Bemerkungen oder durch das In-Frage-Stellen der Fähigkeiten und Entscheidungen des Partners. Diese Taktik zielt darauf ab, den Partner emotional zu destabilisieren und seine Abhängigkeit vom Narzissten zu vertiefen.

Verwerfungsphase: Kontrollverlust und emotionale Isolation

Die Verwerfungsphase folgt oft auf die Devaluierungsphase. In dieser Phase entzieht sich der Narzisst seinem Partner emotional und wird distanziert und kalt. Er kann seinen Partner ignorieren, ihn schlecht behandeln oder sogar drohen, die Beziehung zu beenden. Dies kann für den Partner besonders verwirrend und schmerzhaft sein, insbesondere nach der intensiven Verbundenheit der Idealisierungsphase. Das Ziel dieser Phase ist es, das Selbstwertgefühl des Partners weiter zu untergraben und die Kontrolle und Macht über ihn zu festigen.

Hoovering-Phase: Rückeroberung der Kontrolle

Die letzte Phase des Zyklus ist die Hoovering-Phase. In dieser Phase versucht der Narzisst, seinen Partner wieder in die Beziehung zurückzuziehen. Er kann plötzlich wieder sehr aufmerksam und liebevoll sein, Versprechungen machen und sich sogar für sein vorheriges Verhalten entschuldigen. Dies kann sehr verwirrend für den Partner sein, der sich fragt, ob der Narzisst sich wirklich geändert hat. In Wirklichkeit dient diese Phase dazu, den Kontroll- und Machtzyklus wieder aufzunehmen und zu festigen.

Dieser Zyklus kann sich in Beziehungen mit Narzissten wiederholen, was zu einer Achterbahnfahrt der Emotionen führen kann. Es ist wichtig, diese Muster zu erkennen, um die Dynamik zu durchschauen und geeignete Schritte zu unternehmen, um sich zu schützen und Unterstützung zu suchen. Es ist nicht immer leicht, eine Beziehung mit einem Narzissten zu beenden oder zu ändern, aber das Wissen um diese Muster kann ein erster wichtiger Schritt zur Befreiung sein.

SO ENTKOMMEN SIE DEM PSYCHOTERROR EINES NARZISSTEN – 10 SCHRITTE ZUR FREIHEIT

Narzissmus, obwohl eine spezifische Persönlichkeitsstörung, zeigt Verhaltensmuster, die auch bei Idioten erkennbar sein können. Diese Personen können ähnlich toxische Verhaltensweisen zeigen, indem sie ständig Aufmerksamkeit fordern, wenig Rücksicht auf andere nehmen und einen Mangel an Empathie aufweisen.

Der Prozess der Identifizierung und des Schutzes vor diesen toxischen Verhaltensweisen ist daher auch im Umgang mit Idioten von entscheidender Bedeutung. Das Bewusstsein für diese Verhaltensmuster, die Möglichkeit, Ihre eigenen Gefühle und Wahrnehmungen zu validieren, und das Erlernen von Techniken zur Selbstfürsorge können Ihnen dabei helfen, mit solchen Individuen umzugehen.

Die folgenden zehn Schritte, die ursprünglich entwickelt wurden, um dem Psychoterror eines Narzissten zu entkommen, können daher auch effektiv angewendet werden, um dem emotionalen Stress, der durch Idioten entstehen kann, entgegenzuwirken und schließlich zu entkommen.

1. Selbsterkenntnis und Verstehen

- Der erste Schritt auf dem Weg zur Befreiung aus dem Netz des narzisstischen Missbrauchs ist es, sich einzugestehen, dass Sie mit einem Narzissten zu tun haben, und zu begreifen, wie das Narzissmus-Muster funktioniert. Die Macht der Selbsterkenntnis ist in dieser Phase entscheidend. Oft kann man in einer Beziehung mit einem Narzissten so verstrickt sein, dass es schwierig ist, die destruktiven Muster zu erkennen, die sich abzeichnen.

- Wenn Sie in Ihrem Umfeld eine Person identifizieren, die konstant nach Aufmerksamkeit und Bewunderung sucht, einen Mangel an Empathie zeigt, eine übersteigerte Selbstwichtigkeit zur Schau stellt und manipulatives Verhalten an den Tag legt, dann könnten Sie es mit einem Narzissten zu tun haben. Ein weiteres Zeichen ist die Unfähigkeit des Narzissten, Kritik zu akzeptieren oder Fehler einzugestehen.

- Sobald Sie diese Verhaltensmuster erkannt haben, können Sie anfangen, sie zu verstehen. Das Verstehen ist der Schlüssel, um den zyklischen Ablauf des narzisstischen Missbrauchs zu durchbrechen.

- Ein besonderes Augenmerk sollte auf die Auswirkungen des Narzissmus auf Beziehungen gelegt werden. Narzissten tendieren dazu, Beziehungen zu dominieren und manipulativ oder kontrollierend aufzutreten. Sie können versuchen, ihre Partner zu isolieren und sie von Freunden und Familie zu distanzieren, um ihre Kontrolle zu verstärken. Erst wenn Sie diese toxischen Dynamiken durchschauen, können Sie beginnen, Strategien zu entwickeln, um sich aus der Falle des narzisstischen Missbrauchs zu befreien.

2. Grenzen setzen

- Ein weiterer wesentlicher Schritt auf dem Weg aus der Falle des narzisstischen Missbrauchs ist das Setzen und Durchsetzen von gesunden persönlichen Grenzen. Hierbei geht es um viel mehr als nur um die bloße Entscheidung, was Sie akzeptieren und was nicht. Es ist ein Akt der Selbstfürsorge und des Selbstrespekts.

- Grenzen sind individuelle Linien, die wir ziehen, um zu definieren, was für uns in Ordnung ist und was nicht. Sie dienen dazu, uns vor schädlichen oder respektlosen Verhaltensweisen anderer zu schützen. In einer Beziehung mit einem Narzissten ist dies besonders wichtig, da Narzissten oft dazu neigen, die Grenzen anderer zu überschreiten, um ihre eigenen Bedürfnisse und Wünsche zu erfüllen.

• Beginnen Sie damit, Ihre eigenen Bedürfnisse und Wünsche zu erkennen und zu akzeptieren. Vielleicht haben Sie in der Vergangenheit Ihre eigenen Bedürfnisse und Gefühle unterdrückt oder ignoriert, um den Frieden zu wahren oder Konflikten aus dem Weg zu gehen. Es ist nun an der Zeit, sich selbst und Ihre Bedürfnisse an die erste Stelle zu setzen. Erkennen Sie, dass Sie ein Recht darauf haben, respektiert und fair behandelt zu werden.

• Wenn Sie einmal Ihre Grenzen definiert haben, ist der nächste Schritt, diese durchzusetzen. Seien Sie klar und konsequent. Machen Sie dem Narzissten deutlich, dass bestimmte Verhaltensweisen oder Handlungen nicht länger toleriert werden. Dies kann sich auf verbale Angriffe, Manipulationen oder Respektlosigkeiten beziehen. Es kann angsteinflößend sein, Grenzen zu setzen, insbesondere gegenüber jemandem, der Sie oft missachtet hat. Aber es ist ein entscheidender Schritt auf dem Weg zu Ihrer Freiheit und Selbstachtung.

3. Unterstützungsnetzwerk aufbauen

• Im Umgang mit narzisstischem Missbrauch ist eine der stärksten Ressourcen, die Sie haben können, ein solides Unterstützungsnetzwerk. Sie sind nicht allein auf diesem Weg und es ist von unschätzbarem Wert, Menschen um sich zu haben, die Sie unterstützen, ermutigen und bestätigen können.

• Ihr Unterstützungsnetzwerk kann sich aus vielen verschiedenen Quellen zusammensetzen. Familie und Freunde können ein wertvoller Teil dieses Netzes sein. Sie kennen Sie und Ihre Geschichte und können Ihnen helfen, die Realität dessen, was Sie durchleben, zu bestätigen und zu verstehen. Sie können Ihnen auch dabei helfen, wieder Vertrauen in sich selbst und Ihre Fähigkeiten aufzubauen. Teilen Sie Ihre Erfahrungen mit ihnen, lassen Sie sie wissen, was Sie durchmachen, und bitten Sie um ihre Unterstützung.

• Ein weiterer wichtiger Bestandteil Ihres Unterstützungsnetzwerkes können Selbsthilfegruppen sein. Das Teilen von Erfahrungen mit anderen, die ähnliche Situationen durchlebt haben, kann unglaublich heilsam sein. Sie bieten ein sicheres Umfeld, um offen über Ihre Erlebnisse zu sprechen, und sie bieten die Möglichkeit, von den Erfahrungen und Ratschlägen anderer zu lernen. Oft gibt es lokale oder Online-Selbsthilfegruppen für Personen, die narzisstischen Missbrauch erlebt haben.

• Vergessen Sie nicht, dass Hilfe in vielen Formen kommt und es keine „richtige" oder „falsche" Art und Weise gibt, Unterstützung zu suchen. Der Schlüssel ist, dass Sie sich nicht isolieren. Vertrauen Sie auf Ihr Netzwerk, seien Sie offen für Hilfe und erinnern Sie sich daran, dass Sie nicht allein sind.

4. Emotionale Distanz schaffen

• Es kann eine echte Herausforderung sein, sich emotional von einem Narzissten zu distanzieren, besonders, wenn dieser eine Person ist, die Sie lieben oder um die Sie sich sorgen. Doch dies ist ein wichtiger Schritt, um Ihre emotionale Gesundheit zu schützen und sich gegen narzisstischen Missbrauch zu wehren.

• Das Ziel ist nicht, Ihre Gefühle zu ignorieren oder zu unterdrücken, sondern zu lernen, wie Sie Ihre emotionalen Reaktionen auf das Verhalten des Narzissten steuern können. Das bedeutet, zu erkennen, wann Sie in eine emotionale Dynamik gezogen werden, die ungesund oder schädlich für Sie ist, und bewusst einen Schritt zurückzutreten.

• Ein praktischer Weg, dies zu tun, ist das Praktizieren von Achtsamkeit. Durch Achtsamkeitsübungen lernen Sie, Ihre Gedanken und Gefühle zu beobachten, ohne sich von ihnen mitreißen zu lassen. Sie können lernen, negative Emotionen, die durch das Verhalten des Narzissten ausgelöst werden, zu erkennen und ihnen weniger Macht über Ihr Wohlbefinden zu geben.

• Denken Sie daran, dass es in Ordnung ist, sich um sich selbst zu kümmern. Sie haben das Recht, Ihre eigenen Gefühle zu schützen und auf Ihre eigene emotionale Gesundheit zu achten. Distanzierung ist kein Zeichen von Schwäche, sondern eine Stärke, die Ihnen dabei helfen kann, in einer schwierigen Situation gesund zu bleiben.

5. Praktizieren Sie Selbstfürsorge

• Inmitten der emotionalen Turbulenzen, die eine Beziehung mit einem Narzissten mit sich bringen kann, ist es leicht, die Pflege der eigenen Gesundheit zu vernachlässigen. Aber gerade in solch schwierigen Zeiten ist es besonders wichtig, gut für sich selbst zu sorgen. Ihre physische und mentale Gesundheit ist von größter Bedeutung und Sie sind es sich selbst schuldig, diese Priorität zu setzen.

• Selbstfürsorge ist nicht nur eine Frage des Körpers, sondern auch des Geistes. Gutes Essen, regelmäßige Bewegung und ausreichend Schlaf sind essentielle Bausteine, um Stress zu reduzieren und die Widerstandsfähigkeit gegenüber den Herausforderungen zu stärken, die ein Narzisst in Ihrem Leben verursachen kann.

• Aber denken Sie auch an Ihre mentale Gesundheit. Finden Sie Aktivitäten, die Ihnen Freude bereiten und helfen, sich zu entspannen. Das könnte so einfach sein wie ein gutes Buch zu lesen, einen Spaziergang in der Natur zu machen oder Zeit mit geliebten Haustieren zu verbringen. Meditation oder Yoga können ebenfalls hilfreich sein, um den Geist zu beruhigen und einen klaren Kopf zu bewahren.

• Darüber hinaus kann es hilfreich sein, Tagebuch zu führen. Dies kann ein sicherer Raum sein, in dem Sie Ihre Gedanken und Gefühle ausdrücken können, ohne befürchten zu müssen, beurteilt oder kritisiert zu werden. Indem Sie Ihre Erlebnisse aufschreiben, können Sie möglicherweise Muster erkennen und bessere Strategien für den Umgang mit dem Narzissten entwickeln.

• Vergessen Sie nicht, dass es absolut in Ordnung ist, sich selbst an erste Stelle zu setzen. In der Tat ist dies oft notwendig, wenn Sie mit einem Narzissten umgehen. Sie sind genauso wichtig und verdienen es, mit Freundlichkeit und Respekt behandelt zu werden, und das beginnt mit der Art und Weise, wie Sie sich selbst behandeln.

6. Arbeiten Sie an Ihrem Selbstwertgefühl

• Im Umgang mit Narzissten kann es oft vorkommen, dass sie versuchen, Ihr Selbstwertgefühl zu untergraben. Sie können taktisch manipulative Techniken verwenden, die dazu dienen, Ihr Selbstvertrauen zu erschüttern und Sie unsicher zu machen. Solche Verhaltensweisen können tiefgreifende Auswirkungen auf Ihre Wahrnehmung von sich selbst haben.

• Es ist jedoch wichtig, zu verstehen, dass Ihr Wert nicht von den Meinungen und Urteilen anderer Menschen abhängt, einschließlich des Narzissten in Ihrem Leben. Sie sind wertvoll und verdienen Respekt und Wertschätzung, unabhängig davon, wie andere Sie sehen oder behandeln.

• Um Ihr Selbstvertrauen wieder aufzubauen und Ihre Wertschätzung für sich selbst zu stärken, konzentrieren Sie sich auf Ihre Stärken und Erfolge. Jeder hat einzigartige Talente und Fähigkeiten und es ist wichtig, diese anzuerkennen und zu feiern. Schreiben Sie eine Liste Ihrer positiven Eigenschaften und Erfolge und lesen Sie sie regelmäßig durch, um sich daran zu erinnern, wie weit Sie gekommen sind und was Sie erreicht haben.

• Suchen Sie auch nach Möglichkeiten, neue Fähigkeiten zu erlernen oder vorhandene zu verbessern. Das kann Ihnen dabei helfen, ein Gefühl von Kompetenz und Selbstwirksamkeit zu entwickeln. Herausforderungen anzunehmen und zu bewältigen, kann Ihre Widerstandsfähigkeit stärken und Ihnen helfen, Ihr Selbstvertrauen zurückzugewinnen.

• Darüber hinaus kann es hilfreich sein, Affirmationen zu nutzen – positive Aussagen, die Sie sich selbst gegenüber machen, um Ihre Stimmung und Einstellung zu verbessern. Wählen Sie Affirmationen, die Sie stärken und Ihnen helfen, sich selbst positiv zu sehen.

• Vor allem aber: Seien Sie geduldig mit sich selbst. Der Wiederaufbau des Selbstwertgefühls nach narzisstischem Missbrauch ist ein Prozess und es ist normal, dass es Höhen und Tiefen gibt. Erinnern Sie sich daran, dass Sie es wert sind, geliebt und respektiert zu werden, und dass Ihr Wert unveränderlich ist, unabhängig von den Handlungen oder Worten anderer.

7. Lernen Sie, Nein zu sagen

• Es ist absolut in Ordnung, Nein zu sagen. Oft kann es sich anfühlen, als ob Sie in einer Beziehung mit einem Narzissten keine andere Wahl haben, als zuzustimmen, um Konflikte zu vermeiden. Aber verstehen Sie, dass Sie das Recht haben, Ihre Bedürfnisse und Wünsche zu verteidigen. Ihre Gefühle und Bedürfnisse sind genauso wichtig wie die des Narzissten und verdienen Respekt und Anerkennung.

• Das Erlernen des Nein-Sagens kann jedoch eine Herausforderung sein, besonders, wenn Sie es gewohnt sind, Ihre eigenen Bedürfnisse zugunsten anderer zurückzustellen. Beginnen Sie klein, indem Sie bei weniger bedeutsamen Angelegenheiten Nein sagen. Üben Sie, Ihre Grenzen auf eine klare und bestimmte Weise zu kommunizieren, ohne sich dafür zu entschuldigen oder zu rechtfertigen.

• Es kann auch hilfreich sein, sich auf solche Gespräche vorzubereiten. Überlegen Sie im Voraus, was Sie sagen wollen und wie Sie es am besten ausdrücken können. Seien Sie geduldig mit sich selbst und erinnern Sie sich daran, dass es normal ist, sich unwohl zu fühlen, wenn Sie anfangen, Nein zu sagen. Mit der Zeit wird es jedoch leichter werden.

8. Planen Sie Ihren Ausstieg

• Wenn Sie sich in einer Situation befinden, in der der Narzissmus eine ernsthafte Gefahr für Ihr emotionales oder physisches Wohlbefinden darstellt, ist es möglicherweise notwendig, einen Plan zur Beendigung der Beziehung oder zum Verlassen der Situation zu erstellen.

• Jeder Ausstiegsplan wird sich je nach Ihrer speziellen Situation unterscheiden, aber es gibt einige allgemeine Schritte, die Sie befolgen können. Erstens: Seien Sie sich der möglichen Risiken bewusst und planen Sie entsprechend. Das könnte bedeuten, dass Sie einen sicheren Ort zum Wohnen suchen, finanzielle Ressourcen aufbauen oder wichtige Dokumente sammeln.

• Zweitens: Holen Sie sich Unterstützung. Dies könnte Hilfe von Familie und Freunden, professionelle Beratung oder Unterstützung durch Selbsthilfegruppen oder andere Organisationen sein. Sie müssen diesen Weg nicht alleine gehen und es gibt Ressourcen und Menschen, die Ihnen helfen können.

• Drittens: Erstellen Sie einen klaren Zeitplan für Ihren Ausstieg. Es kann hilfreich sein, spezifische Ziele und Meilensteine festzulegen, um Ihren Fortschritt zu messen und sich selbst auf Kurs zu halten.

• Seien Sie auf Hindernisse vorbereitet. Es kann unvorhergesehene Schwierigkeiten geben und der Narzisst kann versuchen, Sie davon abzuhalten, die Situation zu verlassen. Halten Sie an Ihrem Plan fest und erinnern Sie sich daran, warum Sie diesen Schritt machen. Sie verdienen es, in einer gesunden und respektvollen Umgebung zu leben.

9. Suchen Sie professionelle Hilfe auf

• Es kann unglaublich schwierig sein, sich von narzisstischem Missbrauch zu erholen, und Sie müssen das nicht alleine tun. Psychotherapie oder Beratung kann eine unverzichtbare Ressource sein, um Sie bei der Heilung zu unterstützen und Ihnen dabei zu helfen, Strategien zu entwickeln, um mit der Situation umzugehen und vorwärtszukommen.

• Ein Therapeut kann Sie dabei unterstützen, Ihre Erfahrungen zu verstehen und durch Ihre Gefühle zu navigieren. Er kann Ihnen helfen, die Auswirkungen des Missbrauchs auf Ihr Selbstwertgefühl und Ihr emotionales Wohlbefinden zu erkennen und Strategien zur Bewältigung und Heilung zu entwickeln. Darüber hinaus kann ein Therapeut Ihnen auch dabei helfen, gesunde Grenzen zu setzen und effektive Kommunikationstechniken zu erlernen, um zukünftige narzisstische Missbräuche zu vermeiden.

• Professionelle Hilfe kann in vielen verschiedenen Formen stattfinden, einschließlich individueller Therapie, Gruppentherapie oder sogar Online-Beratung. Es ist wichtig, eine Therapieform zu finden, die für Sie funktioniert und in der Sie sich wohl fühlen. Es kann einige Zeit und Geduld erfordern, um den richtigen Therapeuten zu finden, aber die Vorteile können enorm sein.

• Wenn Sie nach professioneller Hilfe suchen, achten Sie darauf, einen Therapeuten zu wählen, der Erfahrung im Umgang mit narzisstischem Missbrauch hat. Ein Therapeut, der mit den spezifischen Herausforderungen und Dynamiken des Narzissmus vertraut ist, kann besonders hilfreich sein, um Sie auf Ihrem Weg zur Heilung zu unterstützen.

10. Bleiben Sie geduldig mit sich selbst

• Die Genesung von narzisstischem Missbrauch ist kein linearer Prozess und benötigt Zeit. Es ist normal, dass es dabei Höhen und Tiefen gibt, und Tage, an denen Sie sich möglicherweise verletzlicher oder trauriger als üblich fühlen.

• Seien Sie geduldig mit sich selbst und erinnern Sie sich daran, dass jeder Schritt, den Sie machen, auch wenn er klein erscheinen mag, ein Schritt in Richtung Heilung und Stärkung Ihres Selbst ist. Vermeiden Sie es, sich selbst dafür zu verurteilen, wenn der Fortschritt langsamer ist als erwartet oder Sie gelegentlich Rückschläge erleben. Das ist Teil des Prozesses und es ist vollkommen in Ordnung.

• Stattdessen erkennen Sie Ihren Mut und Ihre Stärke an, sich auf diese Heilungsreise zu begeben. Feiern Sie Ihre Fortschritte, egal, wie klein sie auch sein mögen. Erkennen Sie an, dass Sie jeden Tag lernen und wachsen, während Sie weiterhin an sich selbst arbeiten und Ihren Weg zur Genesung finden.

• Vergessen Sie nicht, dass es in Ordnung ist, Unterstützung zu suchen und anzunehmen, wenn Sie sie brauchen – sowohl von den Menschen in Ihrem Leben als auch von professionellen Quellen. Sie müssen diesen Weg nicht alleine gehen und Hilfe anzunehmen, ist kein Zeichen von Schwäche, sondern von Stärke.

• Und vor allem: Vergessen Sie nicht, sich selbst mit Freundlichkeit und Mitgefühl zu behandeln, während Sie durch diesen Heilungsprozess navigieren. Sie sind es wert.

Der Sofort-Hilfe-Plan

Im Leben begegnen Sie vielen Menschen – einige bereichern Ihr Leben, inspirieren Sie und helfen Ihnen, die besten Versionen von sich selbst zu sein. Andere hingegen fordern Sie heraus und bringen Sie vielleicht sogar dazu, an sich selbst zu zweifeln. Der Umgang mit diesen herausfordernden Beziehungen ist wesentlich, da sie oft einen signifikanten Einfluss auf Ihr Wohlbefinden und Ihre psychische Gesundheit ausüben.

Das Navigieren solcher Beziehungen gestaltet sich nicht immer einfach, insbesondere, wenn diese Personen einen wichtigen Teil Ihres Lebens ausmachen, wie Familie oder enge Freunde. Dennoch gilt es, Erwartungen zu korrigieren, den Selbstschutz zu stärken und sich nicht von den negativen Einflüssen dieser Beziehungen untergraben zu lassen.

In weiterer Folge befassen wir uns mit Techniken wie dem Anpassen Ihrer Erwartungshaltung, dem Schutz Ihrer persönlichen Informationen, dem Nutzen von Visualisierungen und der Bedeutung des Nicht-Persönlich-Nehmens.

Vergegenwärtigen Sie sich stets, dass Sie die Kontrolle über Ihre eigenen Reaktionen und Emotionen besitzen und in der Lage sind, gesunde Grenzen zu setzen und für sich selbst einzustehen.

Die folgenden Ratschläge und Techniken helfen Ihnen, Ihr emotionales Gleichgewicht zu bewahren, Ihr Selbstwertgefühl zu stärken und sich selbst vor den Belastungen zu schützen, die herausfordernde Beziehungen mit sich bringen. Jeder Schritt, den Sie auf diesem Weg machen, ist ein Schritt in Richtung eines stärkeren, widerstandsfähigen Selbst.

DIE ERWARTUNGSHALTUNG KORRIGIEREN

Unsere Erwartungen an andere prägen stark, wie wir unsere Interaktionen und Beziehungen wahrnehmen und erleben. Sind diese Erwartungen hoch, kann es zu Enttäuschungen und Verletzungen kommen, wenn sie nicht erfüllt werden. Dies kann besonders belastend sein, wenn wir mit einer Person umgehen, die sich unangemessen oder schwierig verhält – sei es aufgrund einer psychischen Erkrankung oder weil sie sich einfach wie ein Idiot verhält.

Beispiel:
Nehmen wir an, Sie haben einen Freund, den Sie seit der Schulzeit kennen. Sie haben gemeinsam eine Menge durchgemacht und Sie erwarten, dass er Ihre Schwierigkeiten und Ihre Depression versteht. Aber jedes Mal, wenn Sie versuchen, das Thema anzusprechen, wechselt er schnell das Gespräch oder minimiert Ihre Gefühle. Sie könnten denken, dass er sich wie ein Idiot verhält. Diese wiederholte Enttäuschung kann dazu führen, dass Sie sich isoliert, missverstanden und tief verletzt fühlen.

Bei der Auseinandersetzung mit solchen Idioten erweist sich eine Anpassung der Erwartungshaltung als bedeutungsvoll. Statt zu erwarten, dass dieser Freund Ihre Depression vollständig versteht und einfühlsam reagiert, gehen Sie davon aus, dass er vielleicht nicht über die Fähigkeit oder die Werkzeuge verfügt, um angemessen zu reagieren. Dieser Ansatz impliziert nicht, dass Sie die Hoffnung auf Unterstützung aufgeben, sondern vielmehr, dass Sie anerkennen, dass diese spezielle Unterstützung möglicherweise nicht von dieser bestimmten Person kommen wird.

Der Philosoph Friedrich Nietzsche verfasste einmal: „Alles, was uns an anderen missfällt, kann uns zu einem Verständnis von uns selbst führen." Es erscheint frustrierend, wenn Menschen in unserem Leben, insbesondere die Idioten, nicht unseren Erwartungen gerecht werden. Aber indem Sie Ihre Erwartungen anpassen und ein tieferes Verständnis für Ihre eigenen Bedürfnisse und die Kapazitäten anderer entwickeln, lässt sich eine größere Widerstandsfähigkeit aufbauen und letztlich lassen sich zufriedenere, gesündere Beziehungen führen.

Das Anpassen Ihrer Erwartungen bedeutet nicht, sich mit weniger zufriedenzugeben oder Ihre Gefühle und Bedürfnisse zu ignorieren. Es geht vielmehr darum, realistischer und großzügiger gegenüber Idioten zu sein und anzuerkennen, dass sie möglicherweise nicht in der Lage sind, Ihnen genau das zu geben, was Sie brauchen oder erwarten. Dieser Prozess erfordert eine ehrliche Selbstreflexion und ein starkes Bewusstsein für die Realitäten Ihrer Beziehungen. Der Gewinn – weniger Enttäuschung und mehr Akzeptanz – erweist sich als wertvoll, insbesondere im Umgang mit schwierigen Menschen.

5 Schnell-Tipps für eine gesunde Erwartungshaltung

• Stellen Sie sicher, dass Ihre Erwartungen an andere realistisch und erreichbar sind. Es ist wichtig, zu akzeptieren, dass jeder Mensch seine eigenen Fähigkeiten und Grenzen hat.

• Verstehen Sie Ihre eigenen emotionalen Bedürfnisse und Wünsche. Dies kann Ihnen helfen, besser zu erkennen, welche Erwartungen Sie an andere Menschen haben und ob diese gerechtfertigt sind.

• Seien Sie offen und ehrlich in Ihrer Kommunikation. Sprechen Sie Ihre Bedürfnisse und Erwartungen aus, statt davon auszugehen, dass andere instinktiv wissen, was Sie brauchen oder erwarten.

• Wenn bestimmte Personen in Ihrem Leben nicht in der Lage sind, die Unterstützung zu bieten, die Sie benötigen, suchen Sie nach alternativen Quellen, beispielsweise durch eine professionelle Beratung oder Selbsthilfegruppen.

• Seien Sie geduldig und nachsichtig, sowohl mit sich selbst als auch mit den Menschen um Sie herum. Es kann Zeit brauchen, um alte Erwartungen zu überdenken und neue Wege des Umgangs miteinander zu entwickeln.

DIE KUNST DER DISKRETION

In der heutigen Ära der Überinformation, in der die Grenzen der Privatsphäre ständig unschärfer werden, erscheint das Konzept, weniger über sich selbst preiszugeben, zunächst kontraintuitiv. Doch Diskretion stellt ein wirkungsvolles Werkzeug dar, vor allem im Umgang mit Menschen, die rasch urteilen oder eine ganz andere Weltanschauung vertreten.

Stellen Sie sich jene Momente vor, in denen Sie während einer Diskussion auf Widerstand oder Unverständnis gestoßen sind, nachdem Sie tiefgreifende Überzeugungen und Erfahrungen geteilt haben. Diese Konfrontationen ereignen sich häufiger bei Interaktionen mit Menschen, die dazu neigen, andere abzuwerten oder kleinzumachen. Dabei entsteht nicht nur das Gefühl, einer Prüfung ausgesetzt zu sein, sondern es lässt auch Selbstzweifel aufkommen.

Werden Sie aufgrund Ihrer Meinungen oder Entscheidungen von anderen abgelehnt, so kann das Ihr Selbstbild erheblich stören. Dies trifft insbesondere zu, wenn diese Überzeugungen und Entscheidungen einen Teil Ihrer Identität ausmachen, wie beispielsweise in medizinischen oder gesundheitlichen Fragen. In solchen Situationen erweist es sich als hilfreich, einen Schritt zurückzutreten und genau zu überdenken, was Sie wirklich teilen möchten. Es ist nicht gleichbedeutend damit, Ihre Wahrheit zu verbergen oder sich zu schämen, wenn Sie sich entscheiden, bestimmte Informationen nicht preiszugeben. Vielmehr ist es die Anerkennung der Tatsache, dass nicht jeder – und ganz sicher nicht jeder unangenehme Zeitgenosse – bereit oder fähig ist, Ihr Leben, Ihre Entscheidungen oder Ihre Erfahrungen vollständig zu verstehen.

Es besteht keine Notwendigkeit, sich jedem gegenüber vollkommen zu öffnen. Manchmal ist es vollkommen ausreichend, sich auf sicheres Terrain zu begeben und über neutrale Themen zu sprechen. Diese Vorgehensweise kann Sie vor unnötigen Konflikten und Ablehnungen bewahren und Ihnen dennoch die Möglichkeit geben, die Gesellschaft anderer zu genießen, ohne sich selbst zu kompromittieren.

Letztendlich bleibt die Entscheidungsgewalt bei Ihnen. Durch die Kontrolle darüber, wie viel Sie preisgeben, erhalten Sie Ihren inneren Frieden und bewahren die Kontrolle über Ihre eigene Geschichte. Dieses Bewusstsein ist besonders nützlich im Umgang mit schwierigen Menschen, da es hilft, unnötige Konflikte zu vermeiden und Ihre psychische Gesundheit zu schützen. Sie haben das Recht, Ihre Erfahrungen und Ihre Wahrheit zu schützen. Es besteht keine Notwendigkeit, jedem Einblick in die Tiefen Ihres Seins zu gewähren. Und es ist vollkommen in Ordnung, diese Entscheidung zu treffen und zu Ihrer Diskretion zu stehen.

---

5 Schnell-Tipps für mehr Diskretion

• Seien Sie sich Ihrer eigenen Überzeugungen und Entscheidungen sicher. Sie müssen nicht alle Ihre Gedanken und Meinungen teilen, um sich selbst treu zu bleiben.

• Nicht jedes Gespräch erfordert tiefgreifende Offenbarungen. Es ist völlig in Ordnung, über weniger persönliche Themen zu sprechen, besonders, wenn Sie spüren, dass ein Idiot Ihre Erfahrungen oder Überzeugungen nicht verstehen könnte.

• Bevor Sie persönliche Informationen preisgeben, überlegen Sie, ob Sie es mit einem Idioten zu tun haben und diese Person diese Informationen respektvoll behandeln wird und ob Sie sich mit ihrer möglichen Reaktion wohl fühlen.

• Ihre persönlichen Erfahrungen und Überzeugungen gehören Ihnen. Sie haben das Recht, diese zu schützen und nur mit Menschen zu teilen, bei denen Sie sich sicher und verstanden fühlen.

• Weniger ist mehr: In einigen Fällen kann Diskretion zu weniger Konflikten und mehr Selbstbewusstsein führen. Vertrauen Sie darauf, dass Sie immer noch Sie selbst sind, auch wenn Sie nicht alles teilen.

VISUALISIERUNGEN

In der vielfältigen Landschaft menschlicher Interaktionen stoßen Sie unweigerlich auf Idioten, die Sie mental und emotional herausfordern. Diese Herausforderungen können Sie leicht aus der Bahn werfen, die Stimmung beeinträchtigen und Ihren inneren Frieden stören. Wie können Sie also effektiv mit solchen Menschen umgehen und dabei Ihre emotionale Gesundheit bewahren? Die Antwort liegt in der Kraft der Visualisierung.

(i)

Visualisierungen sind eine mächtige mentale Strategie, die in vielen Disziplinen, vom Leistungssport über die Meditation bis hin zur persönlichen Entwicklung, eingesetzt wird. Sie können uns dabei helfen, einen inneren Schutzschild zu errichten, das als Barriere gegen Idioten und negative Einflüsse dient. Sie bieten uns einen Zufluchtsort, eine imaginäre Festung der Ruhe und Stabilität, mitten in den stürmischen Gewässern des Alltags.

Beispiel 1:
Beginnen wir mit einer möglichen Visualisierung, der „Burg der Unantastbarkeit". Stellen Sie sich vor, Sie stehen im Inneren einer massiven, unüberwindbaren Burg. Ihre Mauern sind aus dickem, unzerstörbarem Stein, die Festung ist mit Türmen und Zinnen gesäumt. Diese majestätische Struktur umgibt Sie vollständig und bietet Schutz vor der Außenwelt. Wenn sich nun die negativen Worte, die ungebetenen Kritiken oder die unangemessenen Verhaltensweisen eines Idioten nähern, prallen sie einfach an den massiven Mauern Ihrer Burg ab. Sie können nicht eindringen, sie können Sie nicht erreichen. Innerhalb der sicheren Grenzen Ihrer Burg bleiben Sie ruhig, gelassen und unberührt. Diese Visualisierung ist ein kraftvolles Symbol für Ihre innere Stärke und Ihre Fähigkeit, sich selbst zu schützen.

Beispiel 2:
Eine alternative Visualisierung könnte das Bild des „Spiegelschilds" sein. Stellen Sie sich vor, Sie halten ein blendend helles, perfekt poliertes Schild, das wie ein Spiegel die Idiotie reflektiert. Wenn die störenden Worte oder Handlungen eines Idioten auf Sie zukommen, treffen sie auf das Spiegelschild und werden direkt zurück zu ihrem Ursprung reflektiert. Anstatt Sie zu treffen und möglicherweise zu verletzen, wird ihre eigene Negativität auf sie selbst zurückgeworfen. Diese Visualisierung ist eine Erinnerung daran, dass Sie nicht das passive Opfer von negativem Verhalten eines anderen sein müssen. Sie haben die Kontrolle und können diese Negativität abwehren.

Diese Visualisierungstechniken sind mehr als nur mentale Tricks. Sie sind kraftvolle Werkzeuge, die Ihnen dabei helfen können, Ihren emotionalen Zustand zu kontrollieren und eine Atmosphäre der Gelassenheit und Stabilität in Ihrem inneren Universum zu schaffen. Sie erinnern Sie daran, dass Sie die Kontrolle haben, dass Sie wählen können, wie Sie auf schwierige Menschen und Situationen reagieren, und dass Ihre innere Stärke und Ihr Selbstwert nicht von äußeren Umständen abhängig sind.

NEHMEN SIE NICHTS PERSÖNLICH

Eine Weisheit, die Sie im Laufe Ihres Lebens oft hören, lautet: Nehmen Sie nichts persönlich – das gilt insbesondere für den Umgang mit Idioten. Obwohl dieser Ratschlag sinnvoll erscheint, ist seine Umsetzung inmitten emotionaler Turbulenzen oder unter dem Einfluss von Idioten häufig schwierig. Wie lässt sich also diese herausfordernde Aufgabe bewältigen und eine Einstellung entwickeln, die es ermöglicht, diese oft schmerzhafte Dynamik zu durchbrechen? Gehen Sie dieser Frage auf den Grund und entdecken Sie einige Wege, die zu mehr Unabhängigkeit und seelischem Wohlbefinden führen.

In der Tiefe Ihrer Begegnungen mit anderen, einschließlich Idioten, steckt oft ein tief verwurzeltes Bedürfnis nach Anerkennung, Bestätigung und Verständnis. Erfüllt sich dieses Bedürfnis nicht, entstehen möglicherweise Enttäuschung, Verletzung und Ablehnung. Genau hier ist ein Perspektivwechsel nötig. Es gilt, zu erkennen, dass Handlungen und Worte anderer oftmals weniger mit Ihnen zu tun haben, als Sie denken. Sie spiegeln deren eigene Erfahrungen, Überzeugungen und emotionalen Zustände wider. Mit diesem Verständnis beginnen Sie, die Verantwortung für die Emotionen und Reaktionen anderer abzulegen und sich auf Ihre Verantwortung für Ihr eigenes Wohlbefinden zu fokussieren.

Die Fähigkeit, nichts persönlich zu nehmen, erweist sich besonders im Umgang mit Idioten als befreiend. Diese Einstellung ermöglicht Ihnen, trotz stürmischer Zeiten Gelassenheit und Beständigkeit zu bewahren. Nehmen Sie Worte und Handlungen von Idioten nicht persönlich, bleiben Sie unberührt von den negativen Auswirkungen deren emotionaler Entladungen. Anstatt die bittere Medizin der Ablehnung oder Kritik zu schlucken, können Sie diese beiseitelassen.

Die Praxis, nichts persönlich zu nehmen, stärkt Ihr Vertrauen in die Fähigkeit, verantwortungsbewusste Entscheidungen zu treffen. Sie befreit Sie von der Notwendigkeit, Ihr Vertrauen in das Handeln von Idioten zu setzen, und erlaubt Ihnen, auf Ihre innere Weisheit und Intuition zu vertrauen.

Sie sind nicht für die Handlungen anderer, sondern nur für sich selbst verantwortlich. Dieses Verständnis bildet einen kraftvollen Schutzschild gegen die rücksichtslosen Bemerkungen und Handlungen von Idioten. Es eröffnet den Weg zu einer Freiheit, die auf Selbstverantwortung, Selbstachtung und Selbstliebe basiert – den wahren Schlüsseln zum seelischen Wohlbefinden und zur inneren Ruhe im Umgang mit Idioten!

5 Tipps für Alltagssituationen mit Idioten

• Wenn Sie in eine Situation gehen, in der Sie wissen, dass Sie es mit Idioten zu tun bekommen, bereiten Sie sich emotional darauf vor. Erinnern Sie sich daran, dass Sie die Kontrolle über Ihre Reaktionen und Emotionen haben. Es ist in Ordnung, sich von der Situation zu entfernen oder sich eine Pause zu nehmen, wenn Sie das Gefühl haben, dass Ihre Energie negativ beeinflusst wird.

• Erinnern Sie sich daran, dass Meinungen keine Fakten sind. Ein Idiot kann etwas Negatives oder Kritisches über Sie sagen, aber das macht es nicht wahr. Jeder hat seine eigenen Perspektiven und Erfahrungen, die seine Meinungen formen. Es ist wichtig, das zu erkennen und es nicht auf Ihr eigenes Selbstbild anzuwenden.

• Egal, was Idioten sagen oder tun, denken Sie daran, dass Sie wertvoll sind. Nehmen Sie sich Zeit für Aktivitäten, die Sie lieben und die Ihr Selbstbewusstsein und Ihr Selbstwertgefühl stärken. Ob das nun Yoga, Lesen, Malen oder Wandern ist – lernen Sie, sich selbst liebevoll zu behandeln.

• Versuchen Sie, zu verstehen, wo die andere Person herkommt. Oft handeln Menschen aus ihren eigenen Ängsten und Unsicherheiten heraus. Wenn Sie diese Tatsache im Hinterkopf behalten, kann es leichter sein, ihre Worte oder Handlungen nicht persönlich zu nehmen.

• Lernen Sie, Ihre Gefühle und Bedenken auf eine effektive, aber nicht konfrontative Weise zu kommunizieren. Wenn Sie sich durch die Worte oder Handlungen eines anderen verletzt fühlen, kann es hilfreich sein, dies auf eine Weise auszudrücken, die eine konstruktive Diskussion fördert, anstatt die Situation zum Eskalieren zu bringen.

Einfluss nehmen und Macht aufbauen

Einfluss und Macht formen das Gesicht jeder beruflichen und persönlichen Interaktion. Sie prägen nicht nur den Pfad zum Erfolg, sondern übernehmen auch eine entscheidende Rolle im Umgang mit Idioten.

Es geht dabei nicht darum, Macht zu nutzen, um andere zu dominieren oder zu manipulieren. Vielmehr liegt das Ziel darin, Ihre persönliche Präsenz und Ihren Einfluss zu stärken, indem Sie auf Respekt, Verständnis und gegenseitige Wertschätzung setzen. Macht und Einfluss bedeuten nicht, andere kontrollieren zu müssen, sondern eine positive und konstruktive Atmosphäre zu erzeugen, in der Ihre Stimme gehört, respektiert und wertgeschätzt wird.

Dieses Kapitel beleuchtet zahlreiche Strategien, von der Bedeutung von Wissen und Expertise über rhetorische Fähigkeiten bis hin zur Macht der Sympathie. Konkrete, bewährte Methoden werden untersucht, die dazu beitragen, sich in den verschiedensten Situationen zu behaupten – sogar im Umgang mit den idiotischsten Personen.

Mit den hier vorgestellten Ansätzen sind Sie besser gerüstet, Herausforderungen mit Zuversicht und Fähigkeiten zu begegnen und Ihre persönliche Kraft zur Veränderung im eigenen Leben und in der Welt um Sie herum zu stärken.

WISSEN IST MACHT

Einfluss und Macht – zwei Begriffe, die oft synonym verwendet werden, dennoch unterschiedliche Aspekte menschlichen Handelns und Interagierens verkörpern. Beide sind in vielen Lebenskontexten zentral, sowohl in beruflichen als auch in privaten Bereichen. Um sich erfolgreich gegenüber schwierigen Charakteren – umgangssprachlich auch als „Idioten" bezeichnet – durchzusetzen, benötigt es gezielte Strategien. Eine solche Strategie ist das Streben nach Wissen und Expertise.

„Wissen ist Macht" – eine Aussage, die fast klischeehaft wirkt, jedoch im Laufe der Jahrhunderte ihre Relevanz keineswegs verloren hat. Wissen bietet Ihnen einen strategischen Vorteil in nahezu jeder Situation, von Geschäftsverhandlungen über zwischenmenschliche Beziehungen bis hin zu persönlicher Entwicklung und Wachstum. Beginnen wir mit dem ersten Schritt auf dieser Reise zur Machtausübung durch Wissen – das Finden der eigenen Nische. Die Welt des Wissens ist unendlich und vielseitig, eine unerschöpfliche Tiefe von Informationen, die sich über alle nur denkbaren Themen erstreckt. Daher ist es vorteilhaft, ein spezifisches Gebiet oder Thema zu identifizieren, das Sie persönlich fasziniert und in dem Sie sich weiterentwickeln und wachsen möchten. Dieser Bereich könnte in der beruflichen Sphäre liegen, eine persönliche Leidenschaft oder ein Hobby sein oder auch eine spezielle Fähigkeit betreffen, die Sie besitzen oder erlernen möchten. Das Finden dieser Nische bildet das Fundament für die anschließende Wissensanreicherung und Bildung einer Expertise.

Haben Sie erst einmal die passende Nische gefunden, ist der nächste Schritt der Weg zur Expertise. Dies erfordert kontinuierliche und zielgerichtete Anstrengungen. Sie vertiefen sich intensiv in das gewählte Gebiet, absorbieren Informationen, setzen sie in die Praxis um und sammeln Erfahrungen. Der Fokus liegt darauf, sich zu einem Spezialisten zu entwickeln, zu einer Person, deren Meinungen und Ratschläge aufgrund ihres umfassenden und spezifischen Wissens geschätzt und respektiert werden.

Diese Reise zur Expertise ist kein Spaziergang im Park. Sie verlangt Ausdauer, Hingabe und eine tiefe Leidenschaft für das gewählte Fachgebiet. Der Wert von Taten über jenem von Worten verdient Anerkennung. Es reicht nicht aus, nur von den Plänen zu sprechen, sich weiterzubilden oder Wissen zu erwerben – es gilt, aktiv zu werden, zu lernen, umzusetzen und kontinuierlich an den angestrebten Zielen zu arbeiten.

Zielstrebigkeit ist dabei entscheidend. Sie müssen bereit sein, auch auf dem langen Weg zur Expertise den Fokus nicht zu verlieren. Selbst wenn Hindernisse auftreten, Schwierigkeiten entstehen oder das Ziel zeitweise außer Reichweite zu sein scheint, bleiben Sie am Ball und setzen die Bemühungen fort.

Im Laufe dieses Prozesses stellen Sie fest, dass das erworbene Wissen nicht nur das Verständnis für das gewählte Fachgebiet erweitert, sondern auch das Selbstbewusstsein stärkt. Mit jeder weiteren Information, die Sie aufnehmen, mit jedem neuen Fähigkeitslevel, das Sie erreichen, wächst das Gefühl der Kompetenz und Selbstsicherheit. Und mit diesem gestärkten Selbstvertrauen steigt auch die Fähigkeit, Ihre eigenen Standpunkte zu verteidigen und Einfluss auf andere auszuüben.

Dieser Abschnitt verdeutlicht die wichtige Rolle, die Wissen und Expertise bei der Ausübung von Einfluss und Macht spielen. Er zeigt auf, dass das Streben nach Wissen und das Streben nach Macht Hand in Hand gehen und sich gegenseitig stärken. Durch die Konzentration auf eine ausgewählte Nische und den Aufbau von Expertise in diesem Bereich steigern Sie Ihre Fähigkeit, in verschiedenen Kontexten Einfluss zu nehmen und Macht auszuüben. Dabei gilt stets: Taten statt Worte, Kontinuität und Zielstrebigkeit sind die Schlüssel zum Erfolg.

Praktische Anleitung zur Machtgewinnung durch Wissen

• Identifizieren Sie Ihre Nische
Das Erste, was Sie tun müssen, ist, Ihre Nische zu finden. Fragen Sie sich selbst: Was sind Ihre Interessen? Was sind Ihre Fähigkeiten? Welcher Bereich hat Sie schon immer fasziniert, aber Sie haben nie die Gelegenheit gehabt, ihn zu erforschen? Dies kann alles sein, von Softwareentwicklung über Psychologie bis hin zu Botanik. Die Hauptsache ist, dass es Sie begeistert und motiviert.

• Entwickeln Sie Ihre Kenntnisse
Sobald Sie Ihre Nische gefunden haben, investieren Sie Zeit und Mühe, um Ihr Wissen zu erweitern. Nehmen Sie an Kursen teil, lesen Sie Bücher, verfolgen Sie relevante Blogs, Podcasts oder YouTube-Kanäle. Je mehr Wissen Sie anhäufen, desto mehr Macht werden Sie in diesem Bereich erlangen.

• Bauen Sie praktische Erfahrungen auf
Wissen allein reicht nicht aus. Sie müssen praktische Erfahrungen sammeln, um Ihr Verständnis zu vertiefen und Ihre Fähigkeiten zu verbessern. Wenn Ihr Bereich dies erlaubt, machen Sie Praktika, Freiwilligenarbeit oder starten Sie eigene Projekte.

• Bleiben Sie kontinuierlich dran
Kontinuität ist der Schlüssel. Machen Sie es sich zur Gewohnheit, jeden Tag etwas Neues zu lernen. Seien Sie beständig in Ihrem Streben nach Wissen.

• Demonstrieren Sie Ihre Expertise
Zeigen Sie, was Sie wissen. Nutzen Sie soziale Medien, Blogs oder Fachforen, um Ihre Kenntnisse zu teilen. Geben Sie Ratschläge, beantworten Sie Fragen, engagieren Sie sich in Diskussionen. Dies wird nicht nur Ihr Verständnis vertiefen, sondern auch anderen helfen und Ihre Position als Experte festigen.

• Lernen Sie aus Fehlern
Fehler sind unvermeidlich und eine großartige Lerngelegenheit. Wenn Sie scheitern, geben Sie nicht auf. Analysieren Sie, was schiefgelaufen ist, lernen Sie daraus und machen Sie weiter.

• Üben Sie Geduld
Erinnern Sie sich daran, dass der Aufbau von Expertise Zeit braucht. Seien Sie geduldig mit sich selbst und genießen Sie den Lernprozess.

DAS AUTORITÄTSPRINZIP

Der Weg zur Autorität erscheint als vielschichtiger Pfad, den individuelle und situative Faktoren stark beeinflussen. Im Umgang mit Idioten stellt sich dieser Weg als besonders herausfordernd dar. Persönliche Eigenschaften, Umstände und Ziele prägen dabei die Art und Weise, wie Sie diesen Pfad beschreiten. Die Anforderungen an Autorität variieren je nach Kontext, was in einer Situation oder Rolle als autoritär gilt, wirkt in einer anderen unnötig oder gar schädlich.

Die grundlegende Essenz der Autorität liegt darin, Respekt und Zustimmung von anderen zu gewinnen. Mit Idioten umzugehen, fordert dies besonders, da ihre Anerkennung oft schwer zu erlangen ist. Sie brauchen das Vertrauen und die Anerkennung derjenigen, die von Ihrer Autorität beeinflusst werden. Diese Anerkennung ermöglicht es Ihnen, die Kontrolle in herausfordernden Situationen zu übernehmen und effektiv zu führen, ob in einem beruflichen Umfeld, in der Familie oder in sozialen Gruppen.

Autorität bedeutet jedoch mehr, als nur Entscheidungen zu treffen und Anweisungen zu geben. Sie übernehmen eine Vorbildfunktion, Verantwortung für das Wohlergehen anderer und inspirieren sie dazu, ihr Bestes zu geben. Sie schaffen ein Umfeld, in dem andere sich sicher und respektiert fühlen, ihre Meinung äußern und zur gemeinsamen Vision beitragen.

Der Weg zur Autorität beinhaltet viele Aspekte und die Entwicklung zahlreicher Fähigkeiten. Dazu gehören das Erwerben von Wissen und Erfahrung, das Erlangen von Vertrauen und Respekt sowie das Verbessern der Kommunikations- und Führungsfähigkeiten. All dies hilft Ihnen dabei, eine starke, effektive und respektierte Autoritätsperson zu werden.

Im Folgenden werden die verschiedenen Aspekte der Autorität und konkrete Strategien zur Verbesserung detaillierter beleuchtet. Es geht darum, einen Expertenstatus zu erlangen, eine effektive Führungskraft zu sein, die eigene Kompetenz durch berufliche Titel und Positionen zu demonstrieren und die eigene Präsenz durch ein starkes äußeres Erscheinungsbild zu verbessern. All diese Aspekte tragen dazu bei, Autorität bei schwierigen Persönlichkeiten zu erlangen und zu stärken.

Autorität durch Titel/Position

Das Erlangen von Autorität durch Titel und Positionen ist ein geläufiges und offensichtliches Konzept, insbesondere in der Struktur einer Organisation oder Firma. Personen mit der Bezeichnung „Geschäftsführer", „Vorstand" oder „Abteilungsleiter" besitzen eine inhärente Macht und Autorität. Diese Rollen gehen oft mit der Erwartung einher, Entscheidungen zu treffen, die Richtung und Vision der Organisation zu bestimmen und Menschen zu führen, auch wenn diese schwierig sind.

Dennoch, Autorität wird nicht nur durch einen Titel oder eine Position verliehen. Die bloße Zuordnung eines Titels ohne entsprechende Fähigkeiten und das Vertrauen der Mitarbeiter führt dazu, dass die Person als inkompetent oder unwürdig wahrgenommen wird. Ein Titel bietet eine Grundlage für Autorität, doch wahre Autorität erfordert mehr.

Echte Autorität erwerben Sie durch die Ausübung von Kompetenz und Führungsfähigkeiten. Sie sollten nicht nur Entscheidungen treffen können, sondern auch die Fähigkeit besitzen, andere durch Inspiration und Motivation zu führen. Starke kommunikative Fähigkeiten sind erforderlich, um Ihre Vision klar zu kommunizieren und das Vertrauen und die Unterstützung Ihres Teams zu gewinnen.

Neben der Führungsfähigkeit ist Integrität ein wesentlicher Bestandteil der Autorität. Mitarbeiter, sogar schwierige, respektieren und vertrauen Führungskräften, die ehrlich, transparent und verantwortungsbewusst handeln. Eine Führungskraft, die sich an ihre eigenen Regeln hält, die Verantwortung für ihre Handlungen übernimmt und sich bemüht, das Richtige zu tun, wird eher als autoritär angesehen und von ihrem Team respektiert und unterstützt.

Der Weg zur Autorität durch Titel und Positionen beinhaltet also nicht nur die Erlangung der Position selbst, sondern auch die Entwicklung und Demonstration der entsprechenden Kompetenzen, Führungsqualitäten und persönlichen Eigenschaften. Sie müssen ein Verantwortungsbewusstsein kultivieren, eine klare Vision haben – und diese effektiv kommunizieren – sowie die Fähigkeit, andere zu inspirieren und zu motivieren, an dieser Vision mitzuarbeiten. Integrität spielt dabei eine entscheidende Rolle, um das Vertrauen und den Respekt der Mitarbeiter zu gewinnen und zu erhalten. Nur so lässt sich eine wahre, effektive und nachhaltige Autorität aufbauen, die auch im Umgang mit schwierigen Persönlichkeiten Bestand hat.

Verbesserungstipps, um Ihre Autorität zu festigen

• **Fachkenntnisse und Kompetenzen ausbauen**
Um Autorität durch die Position zu erlangen, ist es unabdingbar, die erforderlichen Fähigkeiten und Kenntnisse für diese Position zu besitzen und stetig zu verbessern. Fachwissen ist ein entscheidender Faktor, um Respekt und Glaubwürdigkeit zu gewinnen. Nutzen Sie Fort- und Weiterbildungen, um Ihre Kenntnisse zu erweitern und auf dem neuesten Stand zu bleiben. Verstehen Sie die Aufgaben und Anforderungen Ihrer Position und suchen Sie proaktiv nach Möglichkeiten, um sich in diesen Bereichen zu verbessern.

• **Effektive Kommunikation**
Um die Autorität einer Position wirksam auszuüben, ist eine starke und effektive Kommunikation unerlässlich. Trainieren Sie Ihre Fähigkeit, klare und überzeugende Botschaften zu vermitteln, sowohl schriftlich als auch mündlich. Üben Sie aktives Zuhören, um die Bedürfnisse und Belange Ihrer Mitarbeiter zu verstehen und auf diese einzugehen. Schaffen Sie einen offenen und ehrlichen Dialog, der Transparenz fördert und das Vertrauen stärkt.

• **Vorleben von Integrität**
Als Person in einer autoritären Position wird von Ihnen erwartet, dass Sie höchste ethische Standards einhalten. Zeigen Sie Integrität in Ihrem Handeln, indem Sie Ehrlichkeit, Transparenz und Fairness an den Tag legen. Stellen Sie sicher, dass Ihre Handlungen mit Ihren Worten übereinstimmen. Übernehmen Sie Verantwortung für Ihre Fehler und treffen Sie Entscheidungen, die im besten Interesse des Teams und der Organisation sind. Mitarbeiter haben mehr Respekt und Vertrauen in Führungskräfte, die ihre Werte konsequent vorleben.

Autorität durch Expertenstatus

Die Position als Experte auf einem bestimmten Gebiet übt einen erheblichen Einfluss aus und geht oft mit beträchtlicher Autorität einher. Dies erweist sich als nützlich, insbesondere, wenn Sie mit Idioten interagieren. In unserer schnelllebigen Informationsgesellschaft ist Fachwissen zu einer wertvollen Währung avanciert, die auch dazu beitragen darf, den Respekt und die Aufmerksamkeit von Idioten zu erlangen.

Personen, die als Experten anerkannt sind, genießen ein hohes Maß an Respekt und Vertrauen – und dies betrifft nicht nur Kollegen und Gleichgesinnte, sondern ebenso Idioten. Sie werden als Autoritäten in ihrem Fachgebiet wahrgenommen und ihre Meinungen, Ratschläge und Einschätzungen sind oftmals maßgeblich. Ihre Fachkenntnisse befähigen sie dazu, komplexe Probleme zu lösen, innovative Lösungen zu erarbeiten und fundierte Entscheidungen zu treffen. Sie dürfen ihre Autorität nutzen, um andere zu beeinflussen, politische oder organisatorische Ausrichtungen zu formen und bedeutsame Entwicklungen voranzutreiben.

Um den Status eines Experten zu erreichen, bedarf es nicht nur tiefer Kenntnisse und Fertigkeiten in einem Fachgebiet, sondern ebenso der Fähigkeit, diese Kenntnisse effektiv zu kommunizieren und anzuwenden. Dies erweist sich als besonders nützlich, wenn Sie mit Idioten zu tun haben. Experten müssen in der Lage sein, ihr Fachwissen auf eine zugängliche und verständliche Weise zu präsentieren, damit andere es verstehen und nutzen dürfen. Darüber hinaus müssen sie ihr Wissen kontinuierlich erweitern und aktualisieren, um am Ball zu bleiben und ihre Relevanz zu bewahren – auch im Umgang mit den sich ständig ändernden Ansichten und Meinungen von Idioten.

Verbesserungstipps zum Erlangen des Expertenstatus

• **Vertiefen Sie Ihre Fachkenntnisse**
Der erste Schritt, um als Experte in einem bestimmten Bereich anerkannt zu werden, besteht darin, Ihr Wissen und Ihre Fähigkeiten in diesem Bereich zu vertiefen. Dies kann durch formelle Bildung, Selbststudium, Mentoring, berufliche Erfahrung oder eine Kombination dieser Faktoren erreicht werden. Versuchen Sie, sich auf ein spezielles Gebiet zu konzentrieren, um Ihre Expertise hervorzuheben. Verfolgen Sie aktuelle Entwicklungen in Ihrem Fachbereich und bleiben Sie durch kontinuierliches Lernen und Verbessern Ihrer Fähigkeiten auf dem neuesten Stand.

• **Bauen Sie Ihren Ruf auf**
Ein Expertenstatus entsteht nicht über Nacht. Er wird durch konsistente und qualitativ hochwertige Beiträge zu Ihrem Fachgebiet aufgebaut. Dies könnte durch das Veröffentlichen von Artikeln oder Büchern, das Halten von Vorträgen, das Mitwirken in Fachforen oder durch aktive Teilnahme in beruflichen Netzwerken geschehen. Nutzen Sie soziale Medien und andere Plattformen, um Ihre Kenntnisse und Erfahrungen zu teilen, Beziehungen zu Kollegen aufzubauen und Ihre Sichtbarkeit in Ihrem Fachgebiet zu erhöhen.

• **Kommunizieren Sie effektiv**
Als Experte ist es entscheidend, dass Sie in der Lage sind, Ihr Wissen effektiv zu vermitteln. Dies bedeutet, dass Sie komplexe Ideen und Konzepte in einer Form präsentieren können, die leicht verständlich und zugänglich ist. Üben Sie Ihre Präsentations- und Kommunikationsfähigkeiten und suchen Sie nach Möglichkeiten, um Ihre Expertise zu teilen, beispielsweise durch Workshops, Webinare oder Gastvorträge. Seien Sie auch bereit, Ihr Wissen in einer Art und Weise zu teilen, die anderen hilft, anstatt es nur zu nutzen, um Ihren eigenen Status zu erhöhen.

Autorität durch Alter und Erfahrung

Alter und Erfahrung spielen eine bedeutende Rolle bei der Etablierung von Autorität in vielen Kulturen und Organisationen. Es ist ein traditionelles Prinzip, das besagt, dass mit zunehmendem Alter und zunehmender Erfahrung auch die Weisheit und das Wissen wachsen, die zu Respekt und Einfluss führen können – selbst bei Idioten, die oft den Respekt vor jüngeren oder weniger erfahrenen Menschen nicht teilen.

Beispiel:
In der Arbeitswelt zum Beispiel kann ein älterer Mitarbeiter, der seit vielen Jahren in der Firma ist, als eine Autoritätsperson angesehen werden, nicht nur wegen seines Alters, sondern auch wegen seiner langjährigen Erfahrung und Kenntnis der Branche. Diese Personen können aufgrund ihrer langjährigen Erfahrung und ihres umfangreichen Wissens in der Lage sein, fundierte Entscheidungen zu treffen und effektive Lösungen für komplexe Probleme anzubieten.

Ebenso kann in der Gesellschaft das Alter oft mit Weisheit und einem fundierten Verständnis von Leben und Kultur gleichgesetzt werden. Ältere Menschen, die eine Fülle von Erfahrungen und Lebenslektionen hinter sich haben, können oft als Quellen der Beratung und Führung in ihren Gemeinschaften dienen – auch bei der Unterweisung von Idioten.

Jedoch reichen Alter und Erfahrung alleine nicht aus, um wahre Autorität zu gewährleisten, insbesondere im Umgang mit Idioten. Respekt und Einfluss erfordern auch Verantwortungsbewusstsein, Integrität und die Fähigkeit, andere durch gutes Beispiel, Anleitung und Unterstützung zu führen. Während Alter und Erfahrung einen gewissen Grad an natürlicher Autorität verleihen können, ist es die Anwendung dieser Erfahrung und das Verhalten gegenüber anderen, das eine dauerhafte Autorität und einen dauerhaften Einfluss gewährleistet.

Verbesserungstipps, die Sie mit zunehmender Erfahrung nutzen können

• **Fördern Sie Ihre Fähigkeiten zur Selbstreflexion.**
Wichtig ist, das eigene Wissen und die eigenen Erfahrungen regelmäßig zu überprüfen und zu analysieren. Dies kann dazu beitragen, alte Muster zu erkennen, neue Perspektiven zu gewinnen und kontinuierlich zu lernen. Die Fähigkeit zur Selbstreflexion hilft Ihnen dabei, nicht nur Ihre eigenen Erfahrungen besser zu verstehen, sondern auch die Sichtweisen und Bedürfnisse von Idioten zu erkennen.

• **Teilen Sie Ihre Erfahrungen und Ihr Wissen.**
Eine effektive Methode, um Ihre Autorität durch Alter und Erfahrung zu stärken, besteht darin, Ihre Erkenntnisse aktiv mit anderen zu teilen. Dies könnte durch Mentoring, Coaching oder einfach durch das Teilen von Geschichten und Anekdoten aus Ihrer eigenen Karriere oder Ihrem Leben geschehen. Wenn Sie Ihr Wissen teilen, können Sie nicht nur anderen helfen, sondern auch Ihre eigene Position als erfahrene und respektierte Autoritätsperson stärken.

• **Demonstrieren Sie emotionale Intelligenz.**
Mit zunehmendem Alter und zunehmender Erfahrung sollten Sie auch Ihre emotionale Intelligenz weiterentwickeln. Dies beinhaltet das Verstehen und Managen der eigenen Gefühle, das Erkennen und Interpretieren der Emotionen anderer und das Anwenden dieser Erkenntnisse in sozialen Interaktionen. Emotionale Intelligenz kann Ihnen helfen, effektiver zu kommunizieren, Konflikte zu lösen und starke Beziehungen aufzubauen, was letztendlich Ihre Autorität und Ihren Einfluss stärken kann.

Autorität durch Äußerlichkeit

Die Macht der Äußerlichkeiten kann auch eine Rolle spielen, wenn Sie mit Idioten zu tun haben. Ihre persönliche Präsentation kann tatsächlich einen entscheidenden Einfluss auf die Wahrnehmung Ihrer Autorität haben und dies kann dazu beitragen, wie Sie in Konfliktsituationen mit Idioten wahrgenommen werden. Professionelle Kleidung, eine selbstsichere Körperhaltung und eine klare, überzeugende Ausdrucksweise können dazu beitragen, das Vertrauen in Ihre Fähigkeiten und Kompetenzen zu stärken und die Wahrnehmung Ihrer Autorität zu verbessern – sogar in den Augen eines Idioten.

Darüber hinaus gehen diese Aspekte der Äußerlichkeit weit über die physische Erscheinung hinaus und beinhalten auch Verhaltensweisen und Kommunikationsstile. Ein respektvoller und aufmerksamer Zuhörer zu sein, kann sogar dabei helfen, den Dialog mit einem Idioten zu erleichtern, und die Fähigkeit, klar und überzeugend zu kommunizieren, kann dazu beitragen, Missverständnisse zu vermeiden.

Die nonverbale Kommunikation spielt ebenfalls eine entscheidende Rolle. Dinge wie Augenkontakt, eine offene Körperhaltung und selbstsichere Gesten können dazu beitragen, Ihr Selbstbewusstsein auszudrücken und den Respekt und das Vertrauen anderer zu gewinnen, selbst in schwierigen Situationen mit Idioten.

Schlussendlich sollte sich Ihr professionelles und selbstbewusstes Auftreten mit Ihrer inneren Haltung und Ihrer Integrität decken. Wenn Sie sich mit einem Idioten auseinandersetzen, ist es wichtig, authentisch und sich selbst treu zu bleiben. Ihr äußeres Erscheinungsbild und Ihr Verhalten sollten immer Ihre inneren Werte und Überzeugungen widerspiegeln. So können Sie Ihre Autorität aufrechterhalten und bewahren, auch in herausfordernden Interaktionen mit Idioten.

Verbesserungstipps für Ihre äußerliche Autorität

• **Entwickeln Sie Ihren persönlichen Stil.**
Autorität wird nicht nur durch die Einhaltung von Dresscodes oder die Wahl formeller Kleidung vermittelt. Es geht darum, einen persönlichen Stil zu entwickeln, der Ihnen ein Gefühl von Selbstbewusstsein und Komfort verleiht. Wenn Sie sich in Ihrer Kleidung wohlfühlen und diese als Ausdruck Ihrer Persönlichkeit und Ihres Selbstverständnisses sehen, wird dies auch in Ihrer Ausstrahlung und Ihrer Interaktion mit anderen spürbar sein.

• **Arbeiten Sie an Ihrer Körpersprache.**
Nonverbale Kommunikation ist ein mächtiges Werkzeug. Eine aufrechte Haltung, ein starker Händedruck und direkter Augenkontakt können die Wahrnehmung Ihrer Autorität enorm verstärken. Üben Sie, in den Spiegel zu schauen und Ihre Körpersprache zu analysieren. Prüfen Sie, ob Sie in sich gekehrt oder offen erscheinen, ob Sie unsicher oder selbstbewusst wirken. Wenn Sie sich Ihrer Körpersprache bewusst sind und daran arbeiten, sie zu verbessern, können Sie Ihre Autorität wirksam erhöhen.

• **Verbessern Sie Ihre Kommunikationsfähigkeiten.**
Egal, wie gut Sie aussehen oder wie selbstbewusst Ihre Haltung ist, wenn Sie nicht klar und effektiv kommunizieren können, werden Sie Schwierigkeiten haben, Autorität auszustrahlen. Arbeiten Sie an Ihrer Fähigkeit, Ihre Gedanken und Ideen präzise zu artikulieren. Dies könnte bedeuten, an Ihrer Sprechgeschwindigkeit, Ihrem Tonfall, Ihrer Aussprache oder Ihrem Wortschatz zu arbeiten. Darüber hinaus ist aktives Zuhören ein wichtiger Aspekt der Kommunikation, der oft übersehen wird. Indem Sie anderen Ihre volle Aufmerksamkeit schenken und zeigen, dass Sie ihre Perspektiven wertschätzen, können Sie Respekt und Vertrauen aufbauen, was wiederum Ihre wahrgenommene Autorität erhöht.

Macht durch Sympathie

Macht durch Sympathie kann sogar bei der Interaktion mit Idioten nützlich sein. Wenn Sie Empathie und Verständnis zeigen, wird dies Ihre Kommunikation verbessern und die Zusammenarbeit erleichtern. Sich als empathisch und verständnisvoll zu präsentieren, kann auch Ihre eigene Macht stärken, indem es die Unterstützung und Kooperation von anderen, einschließlich Idioten, fördert. Dabei geht es jedoch nicht darum, dass Sie Ihre eigenen Werte kompromittieren, sondern eine Atmosphäre des Respekts und Verständnisses schaffen.

Es gibt viele Wege, um Sympathie zu erzeugen, aber einige der effektivsten sind die folgenden:

Seien Sie selbstbewusst, aber auch hilfreich und zuvorkommend

Selbstbewusstsein ist eine attraktive Eigenschaft. Es zeigt, dass Sie sich Ihrer Stärken und Fähigkeiten bewusst sind und dass Sie bereit sind, Risiken einzugehen und Verantwortung zu übernehmen. Aber Selbstbewusstsein allein reicht nicht aus. Um Sympathie zu erzeugen, müssen Sie auch hilfreich und zuvorkommend sein. Seien Sie bereit, anderen bei Bedarf zu helfen, seien Sie großzügig mit Ihrer Zeit und Ihrem Wissen und zeigen Sie Respekt und Wertschätzung für die Beiträge anderer.

In Vorkasse gehen

Eine bewährte Methode, um Sympathie zu erzeugen, ist das Prinzip des Gebens und Nehmens. Wenn Sie anderen Menschen einen Gefallen tun, ohne etwas im Gegenzug zu verlangen, neigen sie dazu, Ihnen in der Zukunft einen Gefallen zurückgeben zu wollen. Dieses Prinzip funktioniert, weil es auf der menschlichen Tendenz zur Reziprozität basiert – die Idee, dass wir uns verpflichtet fühlen, Gutes mit Gutem zu vergelten.

Um dieses Prinzip effektiv zu nutzen, können Sie zum Beispiel ...

- ... Ihre Expertise oder Ihr Fachwissen teilen, indem Sie anderen Ratschläge oder Tipps geben, ohne etwas dafür zu verlangen.

- ... Ihre Zeit investieren, um anderen bei Aufgaben oder Projekten zu helfen.

- ... Ihre Netzwerke nutzen, um anderen bei der Suche nach Ressourcen, Kontakten oder Informationen zu helfen.

- ... Ihre Wertschätzung zeigen, indem Sie anderen Komplimente machen, ihre Beiträge loben oder ihre Erfolge anerkennen.

Beachten Sie jedoch, dass das Geben mit der richtigen Absicht erfolgen sollte. Wenn Sie etwas geben, nur um etwas im Gegenzug zu erhalten, könnten die Menschen das bemerken und Sie könnten ihre Sympathie verlieren. Geben Sie also mit der Absicht, zu helfen und die Beziehungen zu stärken, und nicht nur, um einen Vorteil zu gewinnen.

Seien Sie authentisch

Menschen können Fälschungen und Falschheit erkennen. Um echte Sympathie zu erzeugen, müssen Sie authentisch sein. Zeigen Sie Ihre wahre Persönlichkeit, Ihre Stärken und Schwächen, Ihre Leidenschaften und Ängste. Authentizität schafft Verbindung und Verbindung erzeugt Sympathie.

In der Welt der Macht können Sympathie und Einfluss Hand in Hand gehen. Indem Sie selbstbewusst, hilfreich und zuvorkommend auftreten, in Vorkasse gehen und authentisch sind, können Sie Sympathie erzeugen und Ihre Macht stärken. Und denken Sie daran: Macht durch Sympathie ist nicht nur effektiv, sondern auch nachhaltig und ethisch.

SETZEN SIE IHRE STIMME WIRKUNGSVOLL EIN

Im Umgang mit Idioten kann die effektive Nutzung Ihrer Stimme hilfreich sein. Durch eine ruhige, überlegte und selbstbewusste Sprachführung machen Sie Ihre Position klar und stärken Ihre Autorität. Dies macht es wahrscheinlicher, dass Ihre Argumente von diesen Personen ernster genommen und weniger missverstanden werden.

Achten Sie auf Ihre Stimmqualität

Die Qualität Ihrer Stimme ist das Erste, was Menschen bemerken. Eine zu hohe oder zu tiefe Stimme, ein zu schnelles oder zu langsames Sprechtempo und eine monotone Stimmlage können die Wirkung Ihrer Worte beeinträchtigen. Üben Sie deshalb, mit einer ruhigen, klaren und wohlklingenden Stimme zu sprechen. Achten Sie darauf, Ihre Stimmbänder nicht überzustrapazieren – üben Sie also in moderaten Zeitabschnitten und sorgen Sie für ausreichend Flüssigkeitszufuhr.

Praktische Tipps

• **Trinken Sie ausreichend Wasser.**
Dehydration kann Ihre Stimme rau und schwach klingen lassen. Achten Sie darauf, über den Tag verteilt genügend Wasser zu trinken, um Ihre Stimmbänder geschmeidig zu halten.

• **Atmen Sie tief ein.**
Eine volle Lunge unterstützt eine klare, kraftvolle Stimme. Atmen Sie immer tief in den Bauch hinein, nicht nur in die Brust.

• **Vermeiden Sie stimmschädigende Verhaltensweisen.**
Dazu gehören lautes Sprechen oder Schreien sowie Rauchen und sogar zu viel Koffein kann die Stimme beeinträchtigen.

Modulieren Sie Ihre Stimme

Die Modulation Ihrer Stimme unterstreicht Ihre Aussagen und haucht Ihrer Rede mehr Leben ein. Variieren Sie Ihr Sprechtempo, Ihre Tonhöhe und Ihre Lautstärke, um bei Idioten Aufmerksamkeit zu erregen, Interesse zu wecken und Emotionen auszudrücken.

Praktische Tipps

• **Üben Sie die Lautstärkeregelung.**
Sprechen Sie mal leise und mal laut und bemerken Sie, wie sich die Wirkung Ihrer Worte dadurch ändert.

• **Spielen Sie mit Tonhöhen.**
Variieren Sie Ihre Tonlage, um verschiedene Emotionen und Betonungen zum Ausdruck zu bringen.

• **Experimentieren Sie mit dem Sprechtempo.**
Sprechen Sie mal schnell, um Aufregung zu vermitteln, und mal langsam, um Nachdenklichkeit auszudrücken.

Nutzen Sie Pausen

Im Umgang mit Idioten können Pausen besonders nützlich sein. Sie geben Ihnen die Möglichkeit, durchzuatmen und zu überlegen, bevor Sie reagieren, wodurch die Chance auf impulsive oder unüberlegte Reaktionen verringert wird. Darüber hinaus ermöglichen sie es der anderen Person, Ihre Punkte zu verarbeiten, was die Wahrscheinlichkeit erhöht, dass Ihre Aussagen korrekt verstanden und bedacht werden.

Praktische Tipps

• **Setzen Sie Pausen bewusst ein.**
Üben Sie das Einlegen von Pausen nach wichtigen Punkten oder vor einer Schlussfolgerung.

• **Nutzen Sie Pausen zum Atmen.**
Nutzen Sie die Pausen auch dazu, tief durchzuatmen und sich für den nächsten Abschnitt Ihrer Rede zu sammeln.

• **Verwenden Sie Pausen zur Betonung.**
Durch das Einfügen einer Pause vor oder nach einem wichtigen Punkt können Sie diesen hervorheben und dem Idioten Zeit geben, ihn zu verarbeiten.

Sprechen Sie deutlich und verständlich

Deutliches und verständliches Sprechen ist besonders wichtig, wenn Sie mit Idioten interagieren. Es minimiert die Chance auf Missverständnisse und hilft, sicherzustellen, dass Ihre Botschaft klar und präzise vermittelt wird. Auch wenn der Idiot Ihre Aussagen nicht sofort versteht, ist es wahrscheinlicher, dass er Ihnen folgen kann, wenn Sie klar und deutlich sprechen. Eine überlegte Wortwahl und der Verzicht auf Fachjargon sorgen ebenfalls dafür, die Kommunikation effektiver zu gestalten.

Praktische Tipps

• **Üben Sie die Artikulation.**
Sprechen Sie schwierige Wörter und Sätze laut aus und achten Sie darauf, jede Silbe deutlich auszusprechen.

• **Verlangsamen Sie Ihr Sprechtempo.**
Wenn Sie tendenziell schnell sprechen, bemühen Sie sich, langsamer zu sprechen, um Ihre Worte verständlicher zu machen.

• **Beseitigen Sie Füllwörter.**
Üben Sie, ohne Füllwörter wie „ähm", „äh", „also", „wie" zu sprechen.

Üben Sie Ihren Stimmgebrauch

Letztendlich ist die Fähigkeit, Ihre Stimme wirkungsvoll einzusetzen, eine Fertigkeit, die Sie üben und verbessern können. Nutzen Sie Möglichkeiten wie das Sprechen vor einem Spiegel, das Aufnehmen Ihrer Stimme oder das Üben mit einem Sprachcoach. Seien Sie sich bewusst, dass Verbesserung Zeit benötigt, und seien Sie geduldig mit sich selbst.

Praktische Tipps

• **Nehmen Sie sich selbst auf.**
Nutzen Sie Ihr Handy oder ein Aufnahmegerät, um sich selbst beim Sprechen aufzunehmen und dann anzuhören. Dies kann Ihnen helfen, Bereiche zu identifizieren, in denen Sie sich verbessern können.

• **Arbeiten Sie mit einem Sprachcoach.**
Ein erfahrener Coach kann Ihnen hilfreiche Rückmeldungen geben und Sie bei der Verbesserung Ihrer Stimme unterstützen.

• **Sprechen Sie öffentlich so oft wie möglich.**
Ob in Meetings, bei Präsentationen oder in sozialen Situationen – je mehr Sie üben, desto besser werden Sie.

Eine kraftvolle und effektive Stimmführung ist ein mächtiges Werkzeug auf Ihrem Weg zum Erfolg, sowohl beruflich als auch privat. Sie ermöglicht es Ihnen, Führungspositionen zu übernehmen, zu überzeugen und Einfluss auszuüben – selbst im Umgang mit Idioten. Das Streben nach einer verbesserten Stimmgebung verdient daher Ihre volle Aufmerksamkeit und Anstrengung. Scheuen Sie sich nicht, kreativ zu sein und verschiedene Techniken auszuprobieren, um herauszufinden, welche Ansätze für Sie am wirksamsten sind.

Die Macht der Rhetorik

Die ungezähmte Kraft der Rhetorik sollte man auch im Umgang mit Idioten keineswegs unterschätzen. Durch eine klare und überzeugende Ausdrucksweise minimieren Sie Konflikte, klären Missverständnisse auf und leiten produktivere Gespräche ein. Dies bezieht sich nicht nur auf akademische Diskussionen, sondern ebenso auf Alltagsinteraktionen mit Idioten. Geschickte Rhetorik öffnet Türen, verbessert den Austausch und erzeugt sogar Empathie, trotz aller Hürden, die Gespräche mit Idioten oft darstellen. Im Weiteren tauchen wir tiefer in diese Konzepte ein und stellen praktische rhetorische Strategien für den Umgang mit schwierigen Charakteren vor.

Pünktlichkeit und Präzision

Die Pünktlichkeit spielt in der Kommunikation mit Idioten eine zentrale Rolle. Sie signalisiert, dass Sie sie trotz ihrer Defizite respektieren und ihre Zeit wertschätzen. Berücksichtigen Sie daher ausreichend Zeit für Vorbereitung und Antizipation von möglichen Kommunikationshindernissen.

Interaktion und Interesse

Es gilt als zentral, das Gespräch mit Idioten durch Interaktion und Interesse zu eröffnen. Ihr Gesprächseinstieg sollte den betreffenden Idioten direkt adressieren und sein Interesse wecken. Der Ton Ihrer Einführung hängt von der Situation ab – Sie mögen es für passend halten, ernst, nachdenklich, humorvoll oder sogar provokativ zu sein, je nachdem, was am besten zum jeweiligen Idioten und der Situation passt. Ein Verständnis ihrer Perspektive ist für eine effektive Konversation unerlässlich.

• Bevor Sie mit einem Idioten interagieren, ist es wichtig, den Kontext des Gesprächs zu verstehen. Wenn Sie beispielsweise in einer beruflichen Situation sind, möchten Sie vielleicht einen formalen und respektvollen Ton beibehalten. Wenn Sie jedoch in einer informellen Umgebung sind, könnten Sie eine leichtere, humorvollere Herangehensweise wählen.

• Auch wenn Sie Schwierigkeiten haben, eine Verbindung zu einem Idioten herzustellen, könnte es hilfreich sein, ein gemeinsames Interesse oder Thema zu finden, über das Sie beide sprechen können. Das kann helfen, eine positive Atmosphäre für das Gespräch zu schaffen und das Interesse des Idioten aufrechtzuerhalten.

• Auch wenn Sie die Ansichten oder das Verhalten einer Person nicht respektieren, ist es wichtig, ihre Würde zu respektieren. Sprechen Sie ruhig und respektvoll, auch wenn Sie sich provoziert oder frustriert fühlen. Dies hilft, eine eskalierende Konfrontation zu vermeiden, und ermöglicht eine effektivere Kommunikation.

Natürlichkeit und Klarheit

In der Kommunikation mit Idioten ist es wesentlich, natürlich und klar zu bleiben. Seien Sie ehrlich und authentisch in Ihrer Herangehensweise. Nachfolgend finden Sie einige praktische Tipps:

• Es kann hilfreich sein, Ihre Kommunikationsfähigkeiten zu üben, um effektiv mit Idioten umgehen zu können. Seien Sie sich Ihrer Aussprache, Ihres Tonfalls und Ihres Tempos bewusst. Holen Sie Feedback ein, wenn möglich, um Ihre Fähigkeiten weiter zu verbessern.

• Verwenden Sie einfache, klare Sprache, um Missverständnisse zu vermeiden. Idioten können es schwierig finden, komplexe oder mehrdeutige Aussagen zu verstehen. Sprechen Sie in einem moderaten Tempo, um sicherzustellen, dass Ihre Botschaft effektiv übermittelt wird.

• Manchmal kann der Umgang mit Idioten frustrierend sein, weil sie Ihre Punkte nicht sofort verstehen oder akzeptieren. Es ist wichtig, in solchen Situationen geduldig und beharrlich zu bleiben. Wiederholen Sie Ihre Schlüsselpunkte, wenn nötig, und bleiben Sie dabei stets ruhig und respektvoll.

Augenkontakt und Körperhaltung

Im Umgang mit Idioten kann Augenkontakt und Körperhaltung einen wesentlichen Unterschied machen.

• Versuchen Sie, den Blickkontakt zu variieren und nicht immer dieselben Personen anzusehen.

• Halten Sie eine offene und selbstbewusste Körperhaltung ein. Vermeiden Sie es, die Arme zu verschränken oder in Ihrer Tasche zu wühlen.

• Wenn die Situation es zulässt, nutzen Sie Bewegungen, um die Dynamik des Gesprächs zu beeinflussen. Bleiben Sie jedoch ruhig und vermeiden Sie übermäßige Gesten, um nicht als aggressiv oder überwältigend wahrgenommen zu werden. Diese Aspekte sind besonders wichtig, wenn Sie mit Idioten umgehen, da sie oft Schwierigkeiten haben, subtile soziale Signale zu erkennen und zu interpretieren.

Gestik und Sprechtempo

Im Umgang mit Idioten kann der bewusste Einsatz von Gestik und Sprechtempo äußerst hilfreich sein. Ihre Körpersprache und Stimme können Ihre Aussagen unterstreichen und dabei helfen, Missverständnisse zu vermeiden.

• Eine gezielte, offene Gestik kann dazu beitragen, den Idioten zu beruhigen oder auf Sie aufmerksam zu machen. Jedoch ist es wichtig, dass Ihre Gesten natürlich wirken und nicht übertrieben sind, da dies als inszeniert oder manipulativ wahrgenommen werden könnte.

• Spielen Sie mit dem Sprechtempo und variieren Sie die Lautstärke und Tonhöhe Ihrer Stimme, um Ihren Worten Authentizität zu verleihen.

• Es kann hilfreich sein, vor einem Spiegel zu üben, um sich ein Bild davon zu machen, wie Ihre Gesten und Ihre Sprechweise auf andere wirken könnten. Das gibt Ihnen die Möglichkeit, Ihre Kommunikationstechniken zu verfeinern und anzupassen, um im Umgang mit Idioten effektiver zu sein.

Beim Umgang mit Idioten kann das bewusste Anpassen Ihres Sprechtempos hilfreich sein. Ein langsames, klares Tempo kann dazu beitragen, dass Ihre Botschaft leichter verstanden wird, während ein schnelleres Tempo den Eindruck von Energie und Enthusiasmus vermitteln kann.

• Experimentieren Sie mit verschiedenen Sprechgeschwindigkeiten und Tönen. Zeichnen Sie sich selbst auf, um zu hören, wie die Veränderungen auf Sie wirken.

• Nehmen Sie sich beim Üben auf Video auf. Dies ermöglicht es Ihnen, Ihre nonverbalen Kommunikationssignale – Gestik, Mimik, Körperhaltung – zu beurteilen. Sie können die Aufnahme verwenden, um Aspekte Ihrer Kommunikation zu identifizieren, die möglicherweise angepasst werden müssen, um effektiver mit Idioten umzugehen.

• Lernen Sie von Experten. Beobachten Sie beispielsweise Kollegen, die effektiv mit Idioten umgehen, und achten Sie auf ihre Techniken. Sie können ihre Strategien analysieren und versuchen, diese in Ihre eigene Kommunikation zu integrieren.

Die Fähigkeit, effektiv mit Idioten zu kommunizieren, basiert auf der Fähigkeit, sie zu fesseln und eine klare Botschaft wirkungsvoll zu übermitteln. Diese Fähigkeiten sind nicht angeboren, sondern werden durch Übung, Durchhaltevermögen und ein Bewusstsein für die eigene Ausdrucksweise und Körpersprache entwickelt.

Ein zentraler Aspekt dabei ist das Engagement für die Idioten. Jeder von ihnen sollte das Gefühl haben, direkt angesprochen und verstanden zu werden. Die Fähigkeit, eine Bindung zu ihnen aufzubauen und ihre Aufmerksamkeit von Anfang bis Ende zu halten, ist ein zentrales Element der effektiven Kommunikation.

Zudem ist es von entscheidender Bedeutung, die Botschaft klar und unmissverständlich zu vermitteln. Ein guter Kommunikator kennt seine Kernbotschaft und weiß, wie er sie mit Wörtern und Gesten effektiv kommunizieren kann. Es geht darum, die Idioten auf eine Reise mitzunehmen, bei der jede Aussage, jede Geste und jede Pause einen Zweck hat und zur Gesamtwirkung beiträgt.

All dies erfordert Übung und Geduld. Niemand wird über Nacht zum perfekten Kommunikator. Es ist ein kontinuierlicher Lernprozess, der Selbsterkenntnis und das Streben nach Verbesserung erfordert. Mit der Zeit und dem notwendigen Engagement werden sich die Fähigkeiten jedoch verfeinern.

Es geht nicht nur darum, effektiv zu kommunizieren, sondern auch darum, überzeugend zu sein – nicht nur zu sprechen, sondern seine Botschaft mit Überzeugung, Leidenschaft und Authentizität zu vermitteln. Der Umgang mit Idioten ist eine Herausforderung, die, wenn sie richtig gemeistert wird, die Art und Weise verändern kann, wie Sie denken, fühlen und handeln. So entfaltet die Kommunikationsfähigkeit ihre wahre Macht.

Bonus: Wie man KEIN Idiot wird

Wie man verhindert, ein Idiot zu werden: Dies mag auf den ersten Blick humorvoll wirken, doch die dahinterliegende Botschaft ist tiefgreifend und unerlässlich für jede Person, die an persönlichem Wachstum und sozialem Engagement interessiert ist.

Es geht dabei nicht um die Vermeidung von Fehlern oder Perfektionismus. Im Gegenteil, Fehler sind notwendige Schritte auf dem Weg zur Meisterschaft und Perfektion ist eine Illusion, die oft mehr schadet als nützt. Hier geht es um die Entwicklung von Integrität, Einfühlungsvermögen und authentischer Führung – Qualitäten, die dazu beitragen, ein erfülltes und respektiertes Leben zu führen, ohne dabei andere zu verletzen oder zu manipulieren.

In den folgenden Abschnitten erhalten Sie hierzu praktische Anregungen und wertvolles Wissen.

Es bleibt zu hoffen, dass dieses Kapitel mit Offenheit und Neugierde angegangen wird und dass es nützliche Einblicke und praktische Werkzeuge bietet, um im persönlichen und beruflichen Leben effektiv und mitfühlend zu agieren. Denn niemand möchte ein Idiot sein. Aber jeder kann ein inspirierender, respektierter und liebevoller Mensch werden. Es ist eine Frage der Einstellung, der Hingabe und der kontinuierlichen Reflexion und Entwicklung.

STEHEN SIE ZU IHREN WERTEN

Um kein Idiot zu werden, ist es wichtig, zu Ihren Werten zu stehen. Persönliche Werte sind der innere Kompass, der den Weg weist und das eigene Handeln leitet. In einer Welt, die sich ständig verändert, und besonders in Interaktionen mit Idioten bieten Werte Stabilität und Beständigkeit. Sie reflektieren das, was Ihnen am Herzen liegt, und dienen als Fundament für Ihre Entscheidungen, Beziehungen und Handlungen. Daher ist es von zentraler Bedeutung, Ihre eigenen Werte zu identifizieren und zu ihnen zu stehen. Ihre Werte können Sie leiten und Ihnen helfen, Ihre Integrität zu bewahren.

Eine Wertelandkarte ist ein hilfreiches Instrument, um die eigenen Werte zu erkennen. Sie können sich diese als eine Art Schatzkarte vorstellen, die zu den Juwelen Ihrer Persönlichkeit führt. Beginnen Sie, indem Sie eine Liste aller Werte erstellen, die für Sie von Bedeutung sind. Denken Sie an Begriffe wie:

- Abenteuerlust
- Ehrlichkeit

- Freiheit
- Kreativität
- Liebe
- Respekt
- Sicherheit
- Verantwortung

Es gibt keine richtigen oder falschen Antworten. Wichtig ist, dass Sie ehrlich zu sich selbst sind und Ihre eigenen Werte identifizieren, nicht die Werte, von denen Sie glauben, dass andere sie von Ihnen erwarten.

Nachdem Sie Ihre Liste erstellt haben, sollten Sie die Werte auf ihre Bedeutung hin analysieren.

- Was bedeuten diese Werte für Sie?
- Warum sind sie Ihnen wichtig?
- Wie zeigen sie sich in Ihrem Leben?
- Wie würden Sie sich fühlen, wenn diese Werte verletzt würden?

Eine konkrete Übung, um Ihre Werte zu klären, könnte so aussehen:

Übung:
Wählen Sie die fünf Werte aus Ihrer Liste, die Ihnen am wichtigsten sind. Nehmen Sie sich etwas Zeit und schreiben Sie für jeden dieser Werte auf, was sie für Sie bedeuten, wie sie sich in Ihrem Alltag zeigen und wie Sie sie in Zukunft stärker leben möchten.

Die Reflexion über die persönliche Bedeutung der eigenen Werte ist ein wichtiger erster Schritt. Im nächsten Schritt geht es darum, zu erkennen, welche Auswirkungen diese Werte auf die Gemeinschaft haben. Werte sind nicht nur persönlich, sie sind auch sozial. Sie bestimmen, wie wir mit anderen Menschen interagieren und welche Beiträge wir zu unserer Gemeinschaft leisten wollen.

Beispiel:
Stellen Sie sich zum Beispiel vor, einer Ihrer Kernwerte ist Respekt. Wenn Sie diesen Wert leben, werden Sie anderen Menschen mit Wertschätzung und Offenheit begegnen. Sie werden ihre Meinungen anhören, selbst, wenn sie idiotisch sind. Sie werden ihre Grenzen respektieren und sie als gleichwertige Menschen behandeln. Dies schafft ein positives Klima in Ihrer Umgebung und stärkt das soziale Miteinander.

Eine weitere Übung könnte darin bestehen, für jeden Ihrer fünf Kernwerte zu reflektieren, wie Sie diesen Wert in Ihrer Gemeinschaft leben könnten.

Übung:
Wie könnten Sie durch Ihr Handeln dazu beitragen, dass dieser Wert in Ihrer Gemeinschaft stärker gelebt wird?

Wenn Sie zu Ihren Werten stehen, werden Sie nicht nur ein erfülltes und authentisches Leben führen, sondern auch einen positiven Einfluss auf Ihre Umgebung haben. Ihre Werte sind Ihre Stärke. Sie sind es, die Sie einzigartig machen und die Sie mit der Welt teilen können. Indem Sie Ihre Werte identifizieren und zu ihnen stehen, können Sie ein inspirierender Mensch werden – und das ist das Gegenteil davon, ein Idiot zu sein.

WORK HARD, PLAY HARD

Harte Arbeit und ausgelassenes Spiel – diese beiden Aspekte scheinen sich auf den ersten Blick zu widersprechen, doch sie repräsentieren zwei Seiten derselben Münze, die ein ausgeglichenes und erfülltes Leben symbolisiert und dazu führt, dass Sie nicht zum Idioten werden. Es ist wichtig, sowohl bei der Arbeit als auch im Spiel alles zu geben und das Beste aus sich herauszuholen. Dennoch: Kein Idiot zu sein, bedeutet nicht, ein Schwächling zu sein!

Übung 1: Die Balance finden

• Selbsteinschätzung
Nehmen Sie sich Zeit, um über Ihre derzeitige Balance zwischen Arbeit und Freizeit nachzudenken. Wie viele Stunden widmen Sie der Arbeit und wie viele dem Spiel oder der Entspannung? Sind Sie zufrieden mit der derzeitigen Balance?

• Einen Plan erstellen
Falls Sie das Gefühl haben, dass Ihre aktuelle Balance zwischen Arbeit und Freizeit unausgewogen ist, erstellen Sie einen Plan, um dies zu ändern. Überlegen Sie, welche Aktivitäten Sie reduzieren oder erhöhen könnten, um eine bessere Balance zu erreichen.

Ein weiterer Aspekt besteht darin, zu Ihren Stärken zu stehen. Dies bedeutet nicht nur, diese zu erkennen, sondern auch, sie anderen gegenüber klar und selbstbewusst zu kommunizieren. Dies hilft nicht nur, Missverständnisse zu vermeiden, sondern stärkt auch Ihr Selbstvertrauen.

Übung 2: Identifizieren Sie Ihre Stärken

• Selbsterforschung
Machen Sie eine Liste Ihrer Stärken. Denken Sie dabei sowohl an Fachkenntnisse als auch an persönliche Eigenschaften und Fähigkeiten.

• Anwendungsszenarien
Überlegen Sie, wie Sie diese Stärken in verschiedenen Lebensbereichen – bei der Arbeit, in Beziehungen, in der Freizeit – anwenden können.

Zu guter Letzt ist es wichtig, sich nicht ausnutzen zu lassen, aber immer fair und höflich zu handeln. Manchmal bedeutet dies, Grenzen zu setzen und Nein zu sagen, ohne dabei respektlos oder unhöflich zu sein.

Übung 3: Grenzen setzen

• **Grenzen erkennen**
Überlegen Sie, in welchen Bereichen Ihres Lebens Sie sich möglicherweise ausgenutzt fühlen. Was genau stört Sie dabei? Was wären akzeptable Grenzen für Sie?

• **Kommunikation**
Planen Sie ein Gespräch, in dem Sie Ihre Gefühle und Bedürfnisse klar und respektvoll ausdrücken. Üben Sie dieses Gespräch, bevor Sie es führen.

Die Balance zwischen harter Arbeit und ausgelassenem Spiel, das Stehen zu den eigenen Stärken und die Fähigkeit, Grenzen zu setzen und fair und respektvoll zu handeln, sind wichtige Faktoren, um sich selbst treu zu bleiben und den Respekt anderer zu gewinnen. Niemand möchte ein Idiot sein, doch indem Sie diese Fähigkeiten pflegen und ausbauen, können Sie sich selbst und anderen gegenüber authentisch, respektvoll und von Wert sein.

TEILEN SIE IHRE PASSION

Leidenschaft ist ein mächtiger Katalysator für Kreativität, Engagement und Erfolg. Wenn Sie eine tiefgreifende Leidenschaft für etwas haben, ob es sich nun um ein Hobby, eine Karriere oder eine soziale Sache handelt, ist es fast unmöglich, zu einem Idioten zu werden. Ihre Leidenschaft zu teilen, wird Ihre Beziehungen stärken, Ihnen neue Möglichkeiten eröffnen und sogar anderen dabei helfen, ihre eigenen Interessen und Talente zu entdecken.

Übung 1: Identifizieren Sie Ihre Leidenschaft

• **Reflexion**

Nehmen Sie sich einen Moment Zeit, um über Ihre Interessen und Hobbys nachzudenken. Was sind die Dinge, die Sie mit Freude und Begeisterung erfüllen? Was sind die Aktivitäten, bei denen die Zeit wie im Flug vergeht?

• **Listenbildung**

Erstellen Sie eine Liste Ihrer Leidenschaften. Schreiben Sie alles auf, was Ihnen einfällt, ohne sich zu zensieren. Es gibt keine falschen Antworten.

Nachdem Sie Ihre Leidenschaften identifiziert haben, ist es an der Zeit, diese Begeisterung mit der Welt zu teilen. Ihre Leidenschaft kann ansteckend sein und andere inspirieren, ihre eigenen Interessen zu verfolgen.

Übung 2: Teilen Sie Ihre Leidenschaft

• **Kommunikationskanäle identifizieren**

Denken Sie darüber nach, wie und wo Sie Ihre Leidenschaft teilen können. Dies könnte in sozialen Medien, in persönlichen Gesprächen, in Blogs oder in öffentlichen Reden geschehen.

• **In Aktion treten**

Beginnen Sie, Ihre Leidenschaft zu teilen. Erzählen Sie Freunden und Familie von Ihrer Leidenschaft, posten Sie darüber in sozialen Medien oder schreiben Sie einen Blog-Post. Seien Sie authentisch und begeistert.

Leidenschaft ist eine persönliche Sache und die Art und Weise, wie Sie Ihre Leidenschaften teilen, kann so einzigartig sein wie Sie selbst. Denken Sie daran, dass es darum geht, Ihre Begeisterung zu teilen und andere zu inspirieren, nicht darum, Anerkennung oder Zustimmung zu suchen. Mit Authentizität und Begeisterung können Sie Ihre Leidenschaft mit der Welt teilen und dabei eine tiefe und dauerhafte Wirkung erzielen, die dafür sorgt, dass Sie nicht zum Idioten mutieren.

ANDERE STARK MACHEN

Die Fähigkeit, sich selbst zu stärken und zu inspirieren, zählt zu den herausragendsten Qualitäten, die Sie besitzen sollten, um nicht selbst zum Idioten zu avancieren. Dabei fördern Sie Ihr eigenes Vertrauen, Ihre Fähigkeiten und Ihre Autonomie, indem Sie sich selbst dazu ermutigen, Herausforderungen anzunehmen, Ihre Kompetenzen zu erweitern und Ihre individuellen Stärken zu erkennen und zu nutzen.

Die Stärkung des Selbst ist keineswegs ein Nullsummenspiel. Das Verbessern Ihrer eigenen Fähigkeiten bedeutet nicht, andere herabzusetzen. Vielmehr handelt es sich um eine Gelegenheit, Ihre Fähigkeiten zu erweitern und zu stärken, während Sie gleichzeitig eine unterstützende und ermutigende Umgebung schaffen, in der Sie selbst aufblühen und nicht zum Idioten werden. Es ist von Bedeutung, sich immer wieder selbst in Frage zu stellen und Verbesserungen anzustreben, um nicht zu stagnieren und in die Idioten-Falle zu geraten.

Übung: Die Kraft des Empowerments

● **Selbstreflexion und -bewusstsein**
Identifizieren Sie Ihre eigenen Stärken und Fähigkeiten. Es ist wichtig, sich seiner eigenen Fähigkeiten bewusst zu sein und Selbstvertrauen zu haben, um anderen effektiv helfen zu können.

● **Identifizieren Sie Möglichkeiten, andere zu stärken**
Denken Sie an die Menschen in Ihrem Leben und überlegen Sie, wie Sie sie unterstützen und stärken können. Vielleicht können Sie ihnen helfen, eine neue Fähigkeit zu entwickeln, sie ermutigen, eine Herausforderung anzunehmen, oder einfach nur zuhören und Verständnis zeigen.

● **In Aktion treten**
Beginnen Sie, diese Unterstützung aktiv anzubieten. Dies kann bedeuten, einem Idioten bei einer schwierigen Aufgabe zu helfen, Ratschläge oder Ermutigung zu geben oder einfach nur präsent und unterstützend zu sein, wenn jemand mit Schwierigkeiten konfrontiert ist.

Eine weitere wesentliche Komponente, um selbst nicht zum Idioten zu werden, ist die Fähigkeit, Verantwortlichkeiten sinnvoll zu delegieren und zu managen. Wenn Sie Ihre eigenen Fähigkeiten und Ihr Potenzial, trotz eventueller Schwächen, anerkennen und sich die Möglichkeit geben, diese Fähigkeiten einzusetzen und Verantwortung zu übernehmen, schaffen Sie eine Atmosphäre des Selbstvertrauens und der Autonomie. Dies fördert nicht nur Ihr Selbstwertgefühl und Ihre Fähigkeiten, sondern ermöglicht es Ihnen auch, sich auf Ihre eigenen Stärken und Prioritäten zu konzentrieren.

Die Förderung der eigenen Stärken ist eine mächtige Praxis, die nicht nur dazu dient, Ihr Selbstwertgefühl und Ihre Fähigkeiten zu erhöhen, sondern auch dazu beiträgt, ein Umfeld der Selbstwirksamkeit zu schaffen. Es geht darum, den Fokus von eventuellen Schwächen zu verlagern und die eigenen Stärken zu nutzen, um eine positive Dynamik zu erzeugen. Auf diese Weise vermeiden Sie es, selbst zum Idioten zu werden, indem Sie proaktiv Verantwortung für Ihr eigenes Wachstum und Ihre eigene Entwicklung übernehmen.

MÖGLICHKEITSRÄUME NUTZEN

Möglichkeitsräume sind Gebiete des Potenzials, Orte, an denen Möglichkeiten und Ideen gedeihen können. Auch diese unterstützen Sie dabei, nicht zum Idioten zu mutieren. Es sind Orte, die Ihnen erlauben, über den Tellerrand zu blicken, neu zu denken und neue Pfade zu erkunden. Die Nutzung dieser Räume kann zu unglaublichen Entdeckungen und Erfolgen führen, sowohl auf individueller als auch auf kollektiver Ebene.

Wenn Sie sich auf die Suche nach diesen Räumen machen, öffnen Sie sich für eine Welt voller Möglichkeiten. Sie beginnen, Chancen zu sehen, wo andere Hindernisse sehen. Sie beginnen, Potenzial in Herausforderungen zu sehen und nicht nur in offensichtlichen Erfolgen. Das ist die wahre Kraft der Möglichkeit – sie zeigt sich oft in unerwarteten Orten.

Übung: Entdecken der Möglichkeitsräume

- **Neugierde entwickeln**

Beginnen Sie damit, Neugierde in Ihrem Alltag zu kultivieren. Seien Sie offen für neue Erfahrungen und Möglichkeiten und seien Sie bereit, Fragen zu stellen und neue Wege zu erkunden.

- **Potenzial erkennen**

Nutzen Sie diese Neugier, um Potenziale und Möglichkeiten in Ihrer Umgebung zu entdecken. Das kann eine neue Geschäftsidee, eine persönliche Leidenschaft oder ein Bereich sein, in dem Sie einen positiven Einfluss nehmen könnten.

- **Handeln**

Sobald Sie ein Potenzial erkannt haben, gehen Sie mutig darauf zu. Das kann bedeuten, eine neue Fähigkeit zu erlernen, ein Risiko einzugehen oder sich einfach die Zeit zu nehmen, mehr über dieses Potenzial zu erfahren.

Möglichkeiten und Potenziale durchweben jeden Aspekt Ihres Lebens und sind essentiell, um Sie nicht zum Idioten werden zu lassen. Sie sind Bestandteil der komplexen Strukturen, die Ihre individuelle und gemeinsame Existenz formen. In jedem Moment und in jedem Kontext laden sie Sie ein, ihrem Ruf zu folgen und ihre Herausforderungen anzunehmen. Doch viele dieser Chancen bleiben verborgen, hinter der Barriere Ihrer Wahrnehmung und den Grenzen gewohnter Denkmuster.

Die Welt steckt voller unentdeckter Potenziale. Jede Begegnung, jede Erfahrung, jedes Wissen und jede Idee bietet eine Chance zur persönlichen Verbesserung und zur Vermeidung idiotischer Fehler. Diese Potenziale erstrecken sich über persönliche, berufliche und soziale Ebenen.

Zur Erkennung und Nutzung dieser Potenziale benötigen Sie eine spezielle Haltung: Offenheit und Neugier. Offenheit bedeutet Bereitschaft, Ihre Komfortzone zu verlassen, gewohnte Denkmuster und Verhaltensweisen infrage zu stellen und neue Perspektiven zu erforschen. Neugier verlangt einen kontinuierlichen Zustand der Lernbereitschaft, ein Interesse an der Welt um Sie herum und eine intensive Sehnsucht, mehr zu erfahren und zu erreichen.

Durch die Entwicklung dieser Offenheits- und Neugierhaltung entdecken Sie neue Wege zur persönlichen Verbesserung und zur Vermeidung idiotischer Fehler. Sie greifen auf bisher ungenutzte Ressourcen zurück, erweitern Ihre Fähigkeiten und Ihr Wissen und treiben Ihre persönliche Entwicklung voran. Im Endeffekt geht es bei der Nutzung von Möglichkeiten darum, das volle Potenzial Ihrer Existenz auszuschöpfen, um das Beste aus sich herauszuholen und idiotische Fehler zu vermeiden. Jeder Schritt, den Sie in Richtung Ihres Potenzials machen, jede Gelegenheit, die Sie ergreifen, bringt Sie diesem Ziel näher. Und das ist die wahre Schönheit und Macht der Möglichkeiten – sie sind das Tor zu einem tieferen Verständnis Ihrer selbst und zu sinnvollen Beiträgen für die Welt, in der Sie leben.

AGIEREN SIE ZUM HÖCHSTEN WOHL

Die tiefste Erfüllung in unserem Tun entsteht, wenn wir zum höchsten Wohl agieren – sowohl für uns selbst als auch für die Gemeinschaft, der wir angehören. Es geht darum, eine Balance zwischen Selbstinteresse und dem Wohl der Gemeinschaft zu finden, um so eine Win-win-Situation zu schaffen.

Zunächst ist es wichtig, den Begriff des „höchsten Wohls" zu definieren.

Es bedeutet, Entscheidungen zu treffen und umzusetzen, die das Beste für eine Person oder eine Gruppe von Menschen fördern, unter Berücksichtigung der langfristigen Auswirkungen und des breiteren Kontexts. Das höchste Wohl ist nicht gleichbedeutend mit unmittelbarer Selbstbefriedigung oder kurzfristigem Gewinn, sondern berücksichtigt das langfristige Wohlergehen und das größere Ganze.

Die Dimension des Selbst bezieht sich auf die persönliche Ebene. Was bringt es Ihnen, wenn Sie zum höchsten Wohl handeln? Es geht darum, Ihre Bedürfnisse, Werte und Ziele zu berücksichtigen. Indem Sie in einer Weise handeln, die mit Ihren innersten Überzeugungen und Zielen übereinstimmt, erleben Sie innere Zufriedenheit, Erfüllung und Authentizität. Sie entwickeln Selbstachtung und Selbstvertrauen und steigern Ihre emotionale und geistige Gesundheit. Sie wachsen und lernen aus den Erfahrungen, die Sie sammeln, und bereichern Ihr eigenes Leben.

Die Dimension der Gemeinschaft hingegen konzentriert sich auf das Wohlergehen der anderen. Wie profitieren Sie davon, wenn Sie zum höchsten Wohl handeln? Indem Sie auf eine Weise agieren, die das Wohlergehen der Gemeinschaft fördert, tragen Sie zur Verbesserung der Lebensqualität aller bei. Sie bauen Beziehungen auf, stärken das soziale Gefüge und fördern ein gesundes, glückliches und nachhaltiges Zusammenleben. Ihre Handlungen können dazu beitragen, soziale Probleme zu lindern, Ungerechtigkeiten zu bekämpfen und eine bessere Zukunft für alle zu schaffen.

Doch das höchste Gut ist nicht eine Abwägung zwischen dem Selbst und der Gemeinschaft, sondern eine Integration von beidem. Es geht darum, in einer Weise zu handeln, die sowohl Ihren eigenen Interessen dient als auch einen positiven Beitrag zur Gemeinschaft leistet. Es geht darum, den Mut zu haben, den eigenen Weg zu gehen, aber diesen Weg in einer Weise zu beschreiten, die andere erhebt und unterstützt. Es geht darum, eine Welt zu schaffen, in der wir alle in Harmonie und Gleichheit miteinander leben und voneinander profitieren können.

Das ultimative Ziel sollte daher sein, Situationen zu schaffen, in denen der Profit auf beiden Ebenen entsteht. Dies ist der „Best Case", in dem sowohl das Individuum als auch die Gemeinschaft von den Handlungen profitiert. Es ist der Zustand, in dem wir nicht nur unser persönliches Wachstum und Glück maximieren, sondern auch das Wohlergehen unserer Gemeinschaft fördern und auf diese Weise einen dauerhaften und positiven Einfluss auf die Welt um uns herum haben.

Über die Reise durch die menschliche Interaktion

Wir haben nun eine lange Reise durch das Terrain menschlicher Interaktionen und Dynamiken hinter uns. Von den Tiefen unserer Persönlichkeit und den verborgenen Motivationen, die unser Handeln antreiben, über die subtilen Hinweise, die uns helfen, Menschen sofort richtig einzuschätzen, bis hin zur Kunst der Kommunikation und des Umgangs mit schwierigen Charakteren – diese Reise war sowohl aufschlussreich als auch herausfordernd.

Es ist wichtig, sich daran zu erinnern, dass die Fähigkeit, mit unterschiedlichen Persönlichkeitstypen umzugehen – einschließlich der Idioten –, nicht nur ein Mittel zur Navigation durch komplexe soziale Situationen ist. Es ist vielmehr ein Weg zur Selbsterkenntnis und Selbstverbesserung. Indem wir lernen, andere besser zu verstehen und zu behandeln, lernen wir letztendlich auch, uns selbst besser zu verstehen und zu behandeln.

Die Kapitel dieses Buches, von der Persönlichkeitsbildung über das Erkennen und den Umgang mit Idioten bis hin zur Ausübung von Einfluss und Macht, haben das Ziel, Sie mit den Werkzeugen auszustatten, die Sie benötigen, um sich in jeder Situation sicher und kompetent zu fühlen. Sie sind dazu gedacht, Ihnen nicht nur zu helfen, die Menschen um Sie herum besser zu verstehen, sondern auch, Sie zu ermutigen, über Ihre eigenen Verhaltensmuster und -tendenzen nachzudenken.

Insbesondere der Bonus dieses Ratgebers, „Wie man KEIN Idiot wird", sollte als Abschlussgedanke verstanden werden. Er lädt Sie ein, über Ihre Werte und Leidenschaften nachzudenken, andere zu stärken und letztlich zum höchsten Wohl zu handeln. Es ist eine Einladung, sich nicht nur auf das Verstehen und Managen der Idioten in Ihrem Leben zu konzentrieren, sondern auch auf die Frage, wie Sie selbst als Mensch wachsen und sich weiterentwickeln können – wie Sie eben nicht zum Idioten werden. Denn am Ende des Tages ist das der wahre Zweck dieses Buches: Es soll Ihnen dabei helfen, die bestmögliche Version von sich selbst zu werden. Egal, ob Sie in einer schwierigen beruflichen Situation stecken, mit herausfordernden Beziehungen zu kämpfen haben oder einfach nur verstehen wollen, warum Menschen sich so verhalten, wie sie es tun – die Erkenntnisse, die Sie aus diesem Buch gewinnen, können Ihnen dabei helfen, sich in dieser komplexen und oft verwirrenden Welt der menschlichen Interaktionen besser zurechtzufinden.

Quellenverzeichnis

Studien:
- „A multilevel model of transformational leadership and adaptive performance and the moderating role of climate for innovation" von Charbonnier-Voirin, El Akremi und Vandenberghe (2010)
- „Trust and team performance: A meta-analysis of main effects, moderators, and covariates" von De Jong, B. A., Dirks, K. T., & Gillespie, N. (2016)
- „The Role of Stability and Change Orientation in Organizational Behavior" von Grant und Wall (2009)
- „Teams in Organizations: Recent Research on Performance and Effectiveness" von Guzzo und Dickson (1996)

Literatur:
- „Die Gesetze der menschlichen Natur" von Robert Greene
- „Der Psychopath von nebenan: Die Skrupellosen: Ihre Lügen, Täuschungen und Manipulationen verstehen" von Martha Stout
- „Die Macht der Präsenz: Wie Sie durch Achtsamkeit und Authentizität Einfluss gewinnen" von Amy Cuddy
- „Die Rhetorik-Fibel: So überzeugen Sie mit Worten" von Vera F. Birkenbihl
- „Das Charisma Geheimnis: Wie Sie Ihrem persönlichen Magnetismus auf die Spur kommen" von Olivia Fox Cabane
- „Körpersprache im Beruf für Dummies" von Elizabeth Kuhnke
- „Macht und soziale Intelligenz: Warum erfolgreiche Menschen in der Lage sind, andere zu inspirieren" von Joseph Navarro und Toni Sciarra Poynter
- „Narzissten verstehen: Wie Narzissten denken und fühlen und wie Sie mit ihnen umgehen" von Alexander Reuber
- „The Definitive Book of Body Language" von Allan Pease und Barbara Pease
- „The Five Dysfunctions of a Team: A Leadership Fable" von Patrick Lencioni
- „Verhalten verstehen: Die Psychologie der Persönlichkeit" von David R. Shaffer und Katherine Kipp
- „Wie man Freunde gewinnt: Die Kunst, beliebt und einflussreich zu werden" von Dale Carnegie